安徽省高校优秀青年人才支持计划项目（gxyq2018021）
安徽省社会科学创新发展研究课题（2018CX089） 研究成果
全国高校外语教学科研项目（2019AH0021B）

翻译与传播

安徽非物质文化遗产的译介研究

苏 涛 著

中国科学技术大学出版社

内 容 简 介

本书基于翻译传播学、生态翻译学及译介学理论,在实地调研、访谈与文献整理的基础上,全面探讨了具有代表性的安徽非遗译介的现状、特色、存在的问题及提升策略,并精选了部分安徽非遗译介文本供读者借鉴与学习。本书凭借充分的实证调研、即时的信息采集、较高的原创价值,填补了安徽非遗译介研究的空白,对于探索具有普适的哲学理据,又符合翻译基本规律的译论范式具有一定的现实意义。

图书在版编目(CIP)数据

翻译与传播:安徽非物质文化遗产的译介研究/苏涛著. —合肥:中国科学技术大学出版社,2022.6
ISBN 978-7-312-02608-9

Ⅰ. 翻⋯ Ⅱ. 苏⋯ Ⅲ. 非物质文化遗产—中国对外政策—宣传工作—语言翻译—研究—安徽 Ⅳ. ① G127.54 ② H059

中国版本图书馆 CIP 数据核字(2022)第 083807 号

翻译与传播:安徽非物质文化遗产的译介研究
FANYI YU CHUANBO: ANHUI FEIWUZHI WENHUA YICHAN DE YIJIE YANJIU

出版	中国科学技术大学出版社 安徽省合肥市金寨路96号,230026 http://press.ustc.edu.cn https://zgkxjsdxcbs.tmall.com
印刷	合肥华苑印刷包装有限公司
发行	中国科学技术大学出版社
开本	710 mm×1000 mm 1/16
印张	12.75
字数	222 千
版次	2022 年 6 月第 1 版
印次	2022 年 6 月第 1 次印刷
定价	68.00 元

序　　言

　　安徽历史文化资源丰富多样,地域和人文背景造就了安徽特有的文化气质。虽然直到清代康熙六年(1667年)安徽才正式建省,但是安徽文化最早可以追溯到先秦时期的管子与老庄等思想学派。在漫长的历史进程中,安徽文化逐渐形成了三大文化地域板块:即以道家文化为代表的皖北淮河文化、以佛教文化为代表的皖中江淮文化和以新安理学为代表的皖南徽州文化。安徽地处南北地域的过渡地带,各类文化汇聚融合,不仅三大文化地域板块相互交叉浸染,省内外的移民迁徙与相互影响也使得安徽文化具备明显的交融性。可见,安徽地域文化呈现出起源早、碎片化和包容性等特征。安徽丰富的文化资源为社会经济的发展提供了充足的"文化滋养",而经济与社会的繁荣也为安徽地域文化的发展提供了坚实的物质支撑。

　　源远流长的安徽地域文化作为中华民族传统文化的一部分,随着安徽省综合实力的逐步提升,近年来开始在国际上崭露头角。安徽省"十四五"规划提出了"建设彰显徽风皖韵和时代特征的创新型文化强省"的目标,并且近年来在"安徽文化走出去"方面也策划、落实了不少旨在扩大国际影响力的举措。非物质文化遗产(以下简称非遗)是具有民族历史积淀和广泛突出代表性的民间文化(艺术)遗产,其中的文化概念最具民族性。在中国文化走出去的当下,非遗外译是其中不可或缺的部分,其研究价值便更凸显出来。然而,与藏文化、河西文化、闽南文化、巴蜀文化相比,安徽地域文化的国际化传播尚处于起步阶段,受国际媒体关注少,知名度低,影响力小,与安徽省深厚的文化积淀和绚烂的文化成果不相适应。要在世界文化之林中展现安徽地域文化的价值,必须深入挖掘安徽的历史习俗和文化传统,从中提取能够突出呈现安徽特色、展现安徽人精神样貌的独特的文化元素。

日前,苏涛博士发来了他独著的新作《翻译与传播——安徽非物质文化遗产的译介研究》,邀请我作序。出现在我脑海中的第一个问题便是"新作对安徽地域文化的国际化传播是否能够起到积极的推动作用"。带着这个疑问,我阅读了全书,得到的答案是肯定的。目前安徽省拥有国家级非遗(含扩展名录)共计82项,这些非遗涵盖了民间文学、传统戏剧、传统音乐、民间舞蹈、传统手工技艺等众多类别,在"互联网+"背景下,非遗传播的媒介已不再局限于纸质文本,而是呈现出传播媒介多样化的特点。但是,安徽非遗译介与"互联网+"时代相对应的译介传播媒介还相对单一,译介成果多以纸质文本翻译的形式出现。而且,这些纸质译介材料的整体数量有限,内容相对简单,各类翻译错误或译文的不规范问题层出不穷,极大地影响了对安徽非遗的继承与弘扬。苏涛博士近三年走访安徽各地深入调研安徽各类非遗的译介情况,搜集了大量的一手素材,查阅了数百部(篇)相关文献资料,采访了十几位非遗传承人,重点选取了极具代表性的安徽民间文学类和传统戏剧类非遗的译介情况进行分析。本书的撰写深入浅出,脉络清晰,既有宏观上的对近十年我国非遗译介整体状况的研究综述,又有微观上的针对具体的安徽国家级非遗译介的细致剖析;既有对非遗译介研究主流理论及视角的述评,又有对非遗译介实例的思辨与探讨。本书不仅紧追翻译研究的前沿,借鉴翻译传播学理论、生态翻译学理论、译介学理论等精要指导研究,还努力贴近翻译实践的现实,有针对性地进行大量实地研究和文献检索。本书凭借充分的实证调研、即时的信息采集、较高的原创价值,填补了安徽非遗译介研究的空白。

2022年1月于安徽工程大学

前　言

皖地灵秀，承接南北东西，徽韵妙绝，纵览人文山水。

东接苏浙，西邻豫鄂，北依山东，南靠江西，襟江带淮，沿江通海，得天独厚的地理位置造就了安徽文化的丰富性：皖江地区有吴楚文化的瑰丽多姿，皖北地区则是儒、释、道合流的思想原地。清朝康熙六年，安徽取两府首字而成，其一是有"万里长江此封喉，吴楚分疆第一州"美称的安庆府，其二是"无徽不成镇"之说的徽州，即徽商的发源地。悠久的历史孕育了安徽多样的非物质文化遗产（以下简称非遗），这里有天下闻名的徽剧、庐剧、黄梅戏，有在中国古代传统文化中占有一席之地的文房四宝，有工艺精湛的芜湖铁画、界首彩陶，有悠扬婉转的巢湖民歌、当涂民歌，有风韵独特的花鼓灯舞蹈，还有养生益寿的华佗五禽戏，等等。

习近平同志在中国共产党第十九次全国代表大会上的报告中指出，要加强文化遗产保护传承，推进国际传播能力建设，讲好中国故事，展现真实、立体、全面的中国，提高国家文化软实力。非遗的国际传播是中国"文化走出去"的重要内容之一，对提升国家文化软实力和国家形象具有积极意义；而非遗译介则是国际受众了解中国非遗文化的重要渠道。安徽省政府和相关部门对非遗的保护和传播极其重视，2014年就颁发了《安徽省非物质文化遗产条例》，明确支持和要求加强本地区非遗通过互联网、电视广播等途径的传播和推广。近几年，针对非遗译介的专题研究项目备受重视，在省内外屡有立项。这些项目的立项体现了对于非遗译介的研究正持续升温，但这些项目大多以个案研究为例，在译介手段上依然主要依赖于纸质文本,同时,缺乏对非遗译介系统性理论和可行性策略的探索。理论研究的不足导致翻译实践中有关非遗的各种报告的译文质量不高,中式英语的色彩浓厚,在一定程度上影响了非遗的传播和推广工作。因此,针对安徽非遗的特色,探索既具有普适的哲学理据、又符合翻译基本规律的译论范式具有重要的现实意义。

　　本书共六章,第一章从论文发表情况、译介特点等方面对中国近十年非遗译介的整体情况进行综述;第二章从翻译传播学理论、生态翻译学理论及译介学理论等三大理论视角出发,探讨这三种理论在研究非遗译介方面的特点;第三章从民间文学类非遗特征、民间文学类非遗译介的突出问题和民间文学类非遗译介策略等三方面,对安徽民间文学类非遗译介进行研究;第四章从戏剧译介与戏剧翻译的异同、安徽戏剧类非遗译介的瓶颈等方面,探讨了安徽戏剧类非遗译介的策略;第五章从外宣翻译与手工技艺类非遗译介的关系、手工技艺类非遗译介重点关注的问题等方面,研究了安徽传统手工技艺类非遗的译介情况;第六章基于前文的研究,构建了非遗译介生态研究范式,并提出了安徽非遗译介的策略。此外,为了便于读者和相关研究者查阅和了解安徽非遗译介的情况,笔者精选了部分具有代表性的安徽非遗译介文本资料作为附录,这些文本的译介形式和译文质量都值得非遗研究者关注。

　　为了丰富本书的内容,笔者在撰写过程中参考了大量国内外相关文献,并引用了学界众多专家、学者的真知灼见,出于学术的严谨和规范,笔者竭尽所能地列出了原作者姓名并注明了出处,但因撰写过程较长或疏于记录,有可能出现个别应注而未注的情况,凡此种种,向原作者表示谢忱,诚盼谅解与支持。

　　本书的顺利出版首先要感谢安徽省高校优秀青年人才支持计划项目(gxyq2018021)、安徽省社会科学创新发展研究课题(2018CX089)和全国高校外语教学科研项目(2019AH0021B)的大力支持。感谢我的学生邓春梅和陈欣怡同学,她们在搜集资料和整理文档方面付出了很多努力。感谢黄邵娟副教授,感谢她在检索文献和实地调研方面的不吝相助。感谢外教Michael Langan先生,他对本书英语译文做了校对并向我耐心解疑中英文化差异。特别感谢安徽工程大学外国语学院唐雪梅教授在本书撰写过程中给予的指导，使得书稿得以不断完善，并且在百忙之中欣然为本书作序，令笔者感动不已。借此拙著出版之际，我谨向各位关心本书写作及出版的良师益友一并表示感谢。

由于本人学识浅陋，难免有疏漏之处，敬请各位学界前辈、同仁和读者不吝赐教。

苏 涛
2022 年春于安徽工程大学

目　　录

序言 ··· （ⅰ）

前言 ··· （ⅲ）

第一章　我国非遗译介研究综述 ······································· （1）
　第一节　非遗的定义及分类 ··· （2）
　第二节　非遗译介研究文献回顾 ····································· （3）
　第三节　非遗译介研究的整体特点概述 ······························· （9）
　第四节　本章小结 ··· （12）

第二章　非遗译介研究的主要理论视角 ································· （16）
　第一节　翻译传播学理论 ··· （16）
　第二节　生态翻译学理论 ··· （23）
　第三节　译介学理论 ··· （29）
　第四节　本章小结 ··· （32）

第三章　安徽民间文学类非遗译介研究 ································· （34）
　第一节　安徽非遗译介概述 ··· （34）
　第二节　安徽民间文学类非遗译介概述 ······························· （40）
　第三节　民间文学类非遗的特征 ····································· （43）
　第四节　民间文学类非遗译介的突出问题 ····························· （47）
　第五节　民间文学非遗译介的策略 ··································· （51）
　第六节　本章小结 ··· （54）

第四章 安徽传统戏剧类非遗译介研究 (57)
第一节 安徽传统戏剧类非遗概述 (57)
第二节 安徽传统戏剧类非遗译介概况 (63)
第三节 戏剧译介及安徽戏剧类非遗译介关注的问题 (68)
第四节 "互联网+"背景下安徽戏剧类非遗译介的策略 (77)
第五节 本章小结 (79)

第五章 安徽传统手工技艺类非遗译介研究 (82)
第一节 安徽传统手工技艺类代表性非遗概述 (83)
第二节 安徽传统手工技艺类非遗译介概述 (95)
第三节 安徽传统手工技艺类非遗译介时应注意的问题 (99)
第四节 本章小结 (103)

第六章 安徽非遗译介研究的思考与展望 (106)
第一节 非遗译介生态研究范式 (106)
第二节 安徽非遗译介策略 (109)

附录 (115)
附录一 《宣纸传统制作技艺》译介文本 (115)
附录二 《花木兰》译介文本 (117)
附录三 《牛郎织女的传说》译介文本 (132)
附录四 《毛笔的由来》译介文本 (136)
附录五 《墨的故事》译介文本 (139)
附录六 《蔡伦与中国造纸术》译介文本 (143)
附录七 《驾青牛西去也》译介文本 (148)
附录八 《黄梅戏经典唱段(节选)》译介文本 (152)
附录九 安徽省省级非物质文化遗产名录 (157)

参考文献 (181)

第一章　我国非遗译介研究综述

安徽非物质文化遗产(以下简称非遗)是中国非遗的重要组成部分,在研究安徽非遗译介之前,我们先来对中国非遗译介研究做一个整体综述,看看我国非遗译介研究具有哪些特点。非遗是中国优秀文化的瑰宝,在中国文化中占有举足轻重的地位。我国的非遗丰富,种类繁多,包含联合国教科文组织公布的《保护非物质文化遗产公约》所涉及的多项内容。为了让世界更好地了解中国的非遗,促进世界不同民族之间的交流,真正实现中国文化走出去,非遗译介起着至关重要的作用。非遗的译介不是单纯的汉英翻译,而是译者在对非遗原文进行充分消化和吸收基础上的编译,是一种翻译与介绍相结合的翻译形式(陈芳蓉,2013)。这是本书采用"译介"而非"翻译""英译"等词为题的重要原因。

第一节　非遗的定义及分类

联合国教科文组织于2003年通过的《保护非物质文化遗产公约》中所称非遗,指"被各社区、群体,有时是个人,视为其文化遗产组成部分的各种社会实践、观念表述、表现形式、知识、技能以及相关的工具、实物、手工艺品和文化场所。这种非遗世代相传,在各社区和群体适应周围环境以及与自然和历史的互动中,被不断地再创造,为这些社区和群体提供认同感和持续感,从而增强对文化多样性和人类创造力的尊重"。在《保护非物质文化遗产公约》中,其"只考虑符合现有的国际人权文件,各社区、群体和个人之间相互尊重的需要和顺应可持续发展的非遗",包括以下方面:

(1) 口头传统和表现形式,包括作为非遗媒介的语言;

(2) 表演艺术;

(3) 社会实践、仪式、节庆活动;

(4) 有关自然界和宇宙的知识和实践;

(5) 传统手工艺。

我国于2011年也正式颁布了《中华人民共和国非物质文化遗产法》,该法认为:非遗是指各族人民世代相传并视为其文化遗产组成部分的各种传统文化表现形式,以及与传统文化表现形式相关的实物和场所,包括:

(1) 传统口头文学以及作为其载体的语言;

(2) 传统美术、书法、音乐、舞蹈、戏剧、曲艺和杂技;

(3) 传统技艺、医药和历法;

(4) 传统礼仪、节庆等民俗;

(5) 传统体育和游艺;

(6) 其他非物质文化遗产。

属于非遗组成部分的实物和场所,凡属文物的,适用《中华人民共和国文物保护法》的有关规定。

由于我国颁布的《中华人民共和国文物保护法》晚于《保护非物质文化遗产公约》,对非遗的界定既参考了《保护非物质文化遗产公约》的定义及分类,又充分考虑到我国非遗的独特性,因此,对非遗的界定更加具体。

《保护非物质文化遗产公约》第四章"在国际一级保护非物质文化遗产"明确由缔约国成员选举的"政府间保护非物质文化遗产委员会"(简称委员会)提名、编辑、更新人类非遗代表作名录,急需保护的非遗名录,保护非遗的计划、项目和活动(优秀实践名册)。《公约》在第八章"过渡条款"中明确:委员会应把在公约生效前宣布为"人类口头和非物质遗产代表作"的遗产纳入人类非遗代表作名录。

中国于2004年加入《保护非物质文化遗产公约》,截至2020年12月,中国列入联合国教科文组织非遗名录(名册)项目共计42项,总数位居世界第一。其中,人类非遗代表作34项(含昆曲、古琴艺术、新疆维吾尔木卡姆艺术和蒙古族长调民歌);急需保护的非遗名录7项;优秀实践名册1项。这些项目的入选,体现了中国日益提高的履约能力和非遗保护水平,对于增强群体和个人的认同感和自豪感,激发传承保护的自觉性和积极性,在国际层面宣传和弘扬博大精深的中华文化、中国精神和中国智慧,都具有重要意义。

第二节　非遗译介研究文献回顾

我国的非遗保护行动始于2001年5月联合国教科文组织将昆曲列为第一批"人类口头和非物质文化遗产代表作"名录。那是中国第一次与非遗发生实际联系(魏崇周,2010),标志着我国的非遗研究正式拉开序幕。而国内对于非遗译介的研究起步相对较晚,以2009年杨大霑发表在《贵州民族研究》上的《对贵州非物质文化遗产外宣翻译的一些思考》为起点,至今已走过了10多年的历程,已逐渐成为文化翻译领域的研究热点之一。截至2020年10月31日,在中国知网以"非遗"作为主题词进行检索,相关文献达12810篇,但分别使用"外宣""英译""翻译""译介"等主题词进行结果内二次检索,仅有相关文献278篇。通过对这些文献进行阅读、梳理和分析,最终确定与非遗译介直接相关(论文主题与研究内容均相关)的文献共183篇,其中包括期刊论文160篇、学位论文19篇、会议论文4篇。接下来,我们先基于这183篇文献,对我国非遗译介的研究情况展开综述。

一、论文发表量、被引量及下载量分析

通过年度论文发表数量柱形图(图1.1)可以看到,10多年我国非遗译介研究大致可以分为三个阶段:2009—2012年为第一阶段即非遗译介研究起步阶段,由于当时对非遗译介的研究刚刚开始,所以在这一阶段论文发表的总量很少,总共仅有10篇;2013—2015年为第二阶段即非遗译介研究稳步发展阶段,在这一阶段每年论文发表的数量比较稳定,均保持在10篇左右,比第一阶段有了较大幅度的增长,说明越来越多的学者开始关注非遗译介的研究;2016年至今为第三阶段即非遗译介研究快速发展阶段(2020年数据截至10月31日),从2016年起每年发表的相关论文数量都超过20篇,2019年更是达到了37篇,较2016年增长了68%,体现了业内学者对非遗译介的关注热度显著增加。

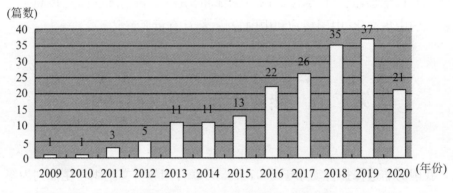

图1.1 近十年非遗译介研究发文数量(截至2020年10月31日)

论文的被引量和下载量都是衡量论文学术价值的重要指标,从表1.1和表1.2可以看到,在非遗译介研究论文被引量和下载量排名前10的论文中,在第一阶段发表的论文均达到4篇,占总数的40%。这说明虽然第一阶段论文发表总量很少,却具有重大的开拓意义,对非遗译介的研究方向、研究内容和研究方法都是非常有益的探索,为非遗译介研究真正发展成为文化翻译领域的一个重要分支奠定了基础。特别是2011年陈芳蓉发表在《中国科技翻译》上的《中国非物质文化遗产英译的难点与对策》一文,其被引量为76次,通过对这篇文章的引证文献进行筛查,最终确认有66篇论文(含58篇期刊论文和8篇学位论文)是与非遗译介直接相关的文献,占非遗译介研究文献总数的32%,足以体

现这篇文章对非遗译介研究的重要价值。在这篇文章里,陈芳蓉主要对联合国、中国文化部等公布的非遗名录的介绍进行分析,总结出非遗英译的三大难点,并根据这些难点选取了颇具代表性的译例进行翻译对策的探讨,对之后的研究具有重要的导向作用(陈芳蓉,2011)。此外,从表1.1论文发表时间一栏可以看到,2017年至今发表的论文没有一篇进入非遗译介研究论文被引量前10名,虽然这一期间发表的相关论文达到119篇,占论文总数的63.9%。这反映出近几年对非遗译介的研究文献虽然数量有所增加,但研究同质性较强,创新性不足。而在非遗译介研究论文被引量和下载量排名前10的论文中,发表在核心期刊(包括北大中文核心期刊和南大CSSCI来源期刊)上的论文数均有5篇,仅占总数的50%,这说明这一领域的研究层次亟待提升。

表1.1 非遗译介研究论文被引量前10名(截至2020年10月31日)

排名	发表时间	被引量(次)	作者姓名	是否发表在核心期刊
1	2011年	76	陈芳蓉	是
2	2016年	46	胡庆洪、文军	是
3	2013年	45	陈芳蓉	否
4	2011年	34	吴克炎	否
5	2009年	23	杨大霑	是
6	2016年	19	许敏、王军平	是
7	2011年	17	曹广涛	否
8	2015年	15	覃海晶	否
9	2015年	11	陈麦池、李琼等	否
10	2013年	10	张艳丰、王曌	是

表1.2 非遗译介研究论文下载量前10名(截至2020年10月31日)

排名	发表时间	下载量(次)	作者姓名	是否发表在核心期刊
1	2016年	1997	胡庆洪、文军	是
2	2011年	1747	陈芳蓉	是
3	2009年	1254	杨大霑	是
4	2018年	1154	谷峰	否
5	2011年	1095	吴克炎	否
6	2016年	1012	郑安文	是

续表

排名	发表时间	下载量(次)	作者姓名	是否发表在核心期刊
7	2013 年	980	陈芳蓉	否
8	2018 年	934	高昂之	否
9	2011 年	836	曹广涛	否
10	2016 年	830	许敏、王军平	是

二、论文作者及基金情况

从表1.3发表相关论文的作者人数可以看到,有26位作者发表过2篇及以上的论文,占152位作者总数的17%。这体现了非遗译介的研究具有一定的可延续性,由于非遗的表现形式多样、内容丰富,为研究者提供了不同的研究素材,如民间文学、传统戏剧、传统民歌、传统手工艺等,这些研究素材都极具研究价值,容易形成对特定地域非遗译介的系列研究。同时,因为非遗独特的文化属性和民族属性,导致非遗在译介过程中,会受到社会、文化、语言、作者、译者和读者等诸多因素的影响,所以研究者可以从多个不同视角对非遗译介开展研究。在这152位作者中,覃海晶和田亚亚发文最多,都达到4篇。覃海晶从生态翻译学(2015)、非遗口译的口语性翻译(2014)、译者的意向性操纵(2018)、非遗的图文间性(2019)等4个不同视角对非遗译介进行了研究;田亚亚则从生态翻译学(2016)、译者主体性(2018)、文化专有项英译(2018)和非遗名称英译(2015)等角度探讨了陕西省及商洛市的非遗译介。

表1.3 发表相关论文的作者数统计表

发表相关论文频次	作者人数(人)	所占比重
发表1篇相关论文	126	83%
发表2篇相关论文	23	15%
发表3篇相关论文	1	0.7%
发表4篇相关论文	2	1.3%
总计	152	100%

本书所研究的183篇文献的作者共计152人,从表1.4对论文作者职称及

学历层次统计的情况可以看到,作者中具有高级职称或者博士学历的人数为43人,仅占总人数的28.3%,体现了从事非遗译介研究的高级别学者较少,而从事此类研究的本科生及硕士生人数占总人数的近1/4,则说明非遗译介研究的入门相对容易,可以研究的素材相对较多。

表1.4　论文作者情况统计表

论文作者类型		作者人数(人)		所占比重
高级职称(教授、副教授)		42		27.6%
中级职称(讲师)		66		43.5%
初级职称(助教)		4		2.6%
学生	博士生	38	1	25%
	硕士生		26	
	本科生		11	
其他		2		1.3%
总计		152		100%

从表1.5相关文献来源的统计结果来看,已发表的与非遗译介相关的核心文献占比较少,仅占相关文献总数的8.2%,这与从事非遗译介研究的高级别研究者相对较少有直接的关系。同时也提示更多的高级别研究者应该关注这一研究领域。值得注意的是,表1.5中显示硕士、博士学位论文有19篇,占所有相关文献的10.4%,第一篇相关学位论文是广西民族大学董博撰写的《文化认知视角下非物质文化遗产英译研究》(董博,2012),其具体的研究对象为广西壮族古谣谚的译介。两篇博士学位论文分别为苏州大学朱玲撰写的《昆剧翻译的多模态视角探索——以〈牡丹亭〉英译为例》(朱玲,2015)及华东师范大学宋亚林撰写的《"易"与"译"中的流变——中国非遗的"两度翻译"及其意义的"双重损失"》(宋亚林,2018)。学位论文呈现出了一定的研究集中性特点,如上海师范大学发表了4篇相关学位论文,山西大学发表了3篇相关学位论文,苏州大学发表了2篇相关学位论文(含1篇博士学位论文)。这种研究的集中性特点比较适合非遗译介的研究,因为集中性研究更容易全面地把握一个地区非遗译介的整体特色,如山西大学郝俊雯撰写的《论汉英翻译中的语言变通》从民间文学翻译的角度研究山西非遗译介(郝俊雯,2013),张宁静撰写的《山西民俗文化翻译实践报告》则从民俗文化翻译的角度研究山西非遗译介(张宁静,2015),

而王坚撰写的《非物质文化遗产文本的翻译策略》从传统戏剧的角度研究山西非遗译介(王坚,2016)。

表 1.5 相关文献来源情况统计表

文献来源	发表数量(篇)	所占比重
核心期刊	15	8.2%
普通本科学报	51	27.9%
普通专科学报	33	18.0%
博士学位论文	2	1.1%
硕士学位论文	17	9.3%
会议论文	4	2.2%
其他期刊	61	33.3%
总计	183	100%

排除学位论文及会议论文,通过对剩余的 160 篇相关文献的基金来源进行统计发现(表 1.6),省级、厅级、市级基金资助的相关文献达到 101 篇,占比为 63.1%,说明地方政府及相关立项单位普遍比较重视非遗译介的研究,也体现了非遗具有地域性的文化特征,非遗译介的研究将有助于地方文化的推广。而国家级、部级基金资助的相关文献仅有 4 篇,说明对于非遗译介研究国家层面的整体性和深入性仍需加强。其他基金中包括研究生实践创新基金、大学生训练计划项目基金等,这些基金的资助有效地唤起大学生对非遗保护的关注,对非遗译介的研究大有裨益。

表 1.6 相关文献(不含学位论文及会议论文)基金来源统计表

基金来源	文献数量(篇)	所占比重
国家级基金	3	1.8%
部级基金	1	0.6%
省级基金	64	40%
厅级基金	18	11.3%
市级基金	19	11.9%
校级基金	13	8.1%
其他基金	16	10%

续表

基金来源	文献数量(篇)	所占比重
无基金	26	16.3%
总计	160	100%

第三节 非遗译介研究的整体特点概述

非遗译介的研究整体上呈现出三大特点：一是研究视角多元化，二是研究对象多样化，三是研究地域广泛化。

一、研究视角多元化

研究者们对非遗译介的研究采用了极为多元的视角，涵盖了传播学、生态翻译学、译介学、功能理论、顺应论、修辞学、目的论、关联理论等20多个不同的研究视角，本书主要根据采用相关理论视角进行研究的论文数量多少，重点综述了采用传播学、生态翻译学和译介学视角进行非遗译介研究的论文。从传播学的视角来看，翻译的本质是传播，它只是一种跨语言跨文化的特殊传播而已（Wilss，2011）。要做好中国非物质文化遗产文本的英译，必须高度重视译文的接受效果即传播效果，充分发挥传播主体的关键作用（周鸿铎，2010）。谢柯、李艺从传播学的视角出发，探讨了作为传播主体的译者在非遗译介中的作用。他们认为，在非遗译介的过程中，存在着译文与原文僵化对应、文化专有项英译不当等问题，这些问题的实质是非遗译者主体性缺失的表现，译者应全面提升自身素养，才能有效改善译文的传播效果（谢柯、李艺，2016）。胡庆洪、文军基于传播学的视角，分析了《福建非物质文化遗产名录》及部分网上的福建非遗英译文本，指出了非遗译介中一些不符合传播规律、影响传播效果的做法，明确提出在传播学视域下，非遗译介应遵循效果为先和以目标受众为中心的两条基本原则（胡庆洪、文军，2016）。岳婧以传播学相关理论为基础，结合拉斯韦尔5W传播模式，对华佗五禽戏的译介进行了较系统的挖掘和分析，并尝试构建华佗五禽戏的译介模式(岳婧,2020)。

生态翻译学(eco-translatology)基于生态学的"整体主义",强调翻译中各个因素相互作用的整体性,融合生态学中"适者生存"和"和谐共生"的基本原理,注重翻译的各个要素、各个环节及翻译过程的生态平衡,力求达到"整合适应选择度"最高的最佳状态(覃海晶,2015)。覃海晶以生态翻译学为研究视角,从翻译生态环境、"译者中心"和译本"多元共生"等三个方面对非遗译介进行探讨,提出用本土的翻译理论指导具有中国特色文化的文本翻译,同时指出鉴于信息技术的普及,可以通过合理利用多模态手段改善非遗译介效果。田亚亚、孙雪娥认为,生态翻译学的真谛在于保持源语与译语文本生态的平衡,在于保持翻译生态、文本生态以及翻译群落生态的稳定、和谐与平衡。并以此为视角,探讨了生态翻译学对陕西省非遗译介的启示,提出译者不应拘泥于原文,应在文本理解、翻译方法选取及翻译策略等方面充分发挥主观能动性,本着"平衡和谐"与"多维转换"的原则进行非遗译介(田亚亚、孙雪娥,2016)。钟安林从生态翻译学出发,结合新疆喀什非遗译介的实例,从宏观和微观的层面分别对非遗译介进行探讨,体现了生态翻译学可以作为一种整体的生态观为非遗译介提供理论指导(钟安林,2019)。

译介学是一种翻译的视角,历经发展,从最初的文学翻译中的媒介学视角逐渐转变为如今的偏重文化对比的视角。译介学关注的是如何在不同文化之间的交流中,实现文化层面的融会贯通,而非单纯的语言层面的转换。刘艳华通过梳理分析辽宁地区民间文学类非遗的特点、发展特性及传播现状,提出进行民间文学类非遗译介时应遵循译介学理论中的翻译梯度原则——难易次第、由易到难、由简到繁。在保留原文叙事结构的基础上,适当对其进行再创造(刘艳华,2019)。刘立勇基于译介学的视角,重点探讨了非遗译介过程中译介主体、译介内容、译介途径及译介受众等要素(刘立勇,2020)。

二、研究对象多样化

根据2011年颁布的《中华人民共和国非物质文化遗产法》,非物质文化遗产可以分为六大类别,具体类别如表1.7所示。由表1.7可见,非遗译介的研究对象涵盖了全部的六个类别,但从具体项目的分布来看,对于传统口头文学以及作为其载体的语言和传统戏剧、曲艺这两类研究的文章要显著多于其他四类,这体现出非遗译介目前仍以语言、文字作为主要的传播载体。

表 1.7　非遗类别及部分非遗译介研究项目

非遗类别	具体项目
1. 传统口头文学以及作为其载体的语言	《青城水烟》《杨家将》《牛郎织女》《孟姜女传说》《鬼谷子传说》等
2. 传统美术、书法、音乐、舞蹈、戏剧、曲艺和杂技	京剧、瓯剧、川剧、傩戏、粤剧、南音等
3. 传统技艺、医药和历法	漳浦剪纸、钧瓷、大吴泥塑、吉林宋氏中医儿科等
4. 传统礼仪、节庆等民俗	南岳朝圣、篓子会等
5. 传统体育和游艺	赛龙舟、五禽戏、抖空竹等
6. 其他非物质文化遗产	扬州大运河等

具体来说,李应东以弗米尔的"目的论"为主要研究手段来分析兰州市"青城古镇非物质文化遗产保护丛书"中极具代表性的一本——《青城水烟》,并以翻译实践报告的形式来宣传和推介青城古镇的非遗保护(李应东,2015)。陈艳华基于文化专有项理论,探讨了京剧译介中出现的一些问题,并提出了相应的翻译策略(陈艳华,2016)。陈宇以粤剧《帝女花》的译介为研究对象,探讨了直译、归化、异化、意译和"译＋释"等五种不同的非遗译介策略,是对岭南粤剧译介规范性研究的有益探索(陈宇,2020)。陈哲敏以川剧翻译与传播的文化意义和产业价值为切入点,结合当前川剧面临的一系列翻译及传播的问题,探讨了川剧译介的对策(陈哲敏,2016)。于淼以吉林省非遗"吉林宋氏中医儿科"的介绍性文本为例,通过研究以翻译为导向的语篇分析模型在中医药非遗译介中的具体应用,总结出译者应根据语篇分析模型,对原文进行合理的分析,并预判可能阻碍译文功能实现的问题,从而采取有效的策略解决这些问题(于淼,2016)。李志坚、张小波通过比较南岳朝圣和古希腊神话的文化内涵,采用了文化图式融合与植入的译介策略,来激活或填补译介受众的文化图式,从而实现更好的译介效果(李志坚、张小波,2017)。杨永刚等以扬州大运河非遗译介为研究对象,以功能语境理论为指导,概括出可以采用归化为主、异化为辅的策略进行非遗译介(杨永刚等,2014)。

三、研究地域广泛化

由表 1.8 可见,本书所统计的 183 篇文献中,有 82 篇文献明确以地域性的非遗译介作为研究对象,这 82 篇文献中又有 36 篇文献的研究对象具体到市(县)一级,如庞亚飞(2020)研究的佛山木板年画译介、朱莹(2019)研究的扬州传统技艺类非遗译介、钟安林(2019)研究的新疆喀什非遗译介等。从非遗译介研究地区的分布来看,以上文献分布于全国 23 个省、自治区、直辖市,分布的地域十分广泛,一方面说明全国各地普遍比较重视非遗译介工作,另一方面也说明非遗译介具有鲜明的地域性特征。此外,发文数量排名前五的省区中,有 4 个东部省区,这在一定程度上说明东部省区的非遗译介工作开展得相对较好。

表 1.8 非遗译介研究地区分布情况一览表

地区	发文数量(篇)	地区	发文数量(篇)	地区	发文数量(篇)
福建	10	黑龙江	4	云南	2
河北	8	广东	3	新疆	2
江苏	6	吉林	3	辽宁	1
浙江	6	河南	3	江西	1
陕西	6	四川	3	湖南	1
安徽	5	山西	3	海南	1
广西	5	湖北	2	重庆	1
山东	4	贵州	2	共计:23 个省、区、市	共计:82

第四节 本 章 小 结

本章通过论文发表量、被引量、下载量、论文作者及基金情况等不同维度对近 10 年我国非遗译介研究的文献进行综述,总结出我国非遗译介研究的三大特点,针对当前我国非遗译介研究的特点和所面临的突出问题,笔者认为可以从以下三个方面着手进行改进：

一、建立健全非遗译介语料库

随着"中国文化走出去"的深入和"一带一路"战略的实施,我国愈加重视非遗译介的工作,入选各级各类非遗名录的项目也逐年增多。但很多非遗在译介过程中,普遍存在译介资料匮乏的情况,一定程度上影响了非遗的传承和推广。针对这种情况,应建立健全非遗译介语料库,由于非遗的种类繁多,不同类别的非遗有各自的特点,可以按照文学、民俗、戏剧、手工技艺、音乐、舞蹈、美术等分门别类地建立子语料库。语料库的建立不仅可以有效促进非遗的传承,而且非常有利于把握非遗类别特点,从而对其进行有针对性的深入研究。

二、坚持非遗译介求同存异

在非遗译介过程中,译者的身份发生了功能性转变,译者不再简单是非遗从源语到目的语的转换者,更是非遗译文的再加工者或再创作者(高昂之,2019)。明确了这一身份的变化,译者应坚持在进行非遗译介时求同存异。由于非遗译介蕴含了丰富的中国文化,我们说的"求同"并不是指将中国文化改成西方文化,而是指非遗的译介在信息取舍上应符合国外受众在认知和思维等方面的需求,"存异"指的是非遗译介应当尊重源语文化,保留非遗项目的自身特色(苏涛,2019)。因此,译者既要贴近国外受众对中国信息了解的需求,又要根据具体情况对非遗原文进行适当的编译。

三、丰富非遗译介途径

非遗译介的途径直接影响了非遗译介的效果,传统的非遗材料通常以纸质静态文字的形式呈现出来,与此不同,非遗形式的多样性决定了非遗的有效传播途径是文字说明结合其他的动态表现形式(崔北军,2015)。可以充分利用"互联网+"的手段,结合不同类别非遗的特点,丰富已有的非遗译介途径。例如,各地的相关主管部门可以对当地的非遗译介资源进行数字化整合,对戏剧、民俗、音乐、手工艺、美术等各类非遗形式进行数字化加工,再通过微信平台、微博、短视频及其他互联网途径进行推送传播,使非遗、译者、受众动态地融合在一起(张艳丰、王曌,2013)。

本章参考文献

[1] WILSS W. The science of translation:problems and methods [M]. Shanghai:Shanghai Foreign Language Education Press, 2001:55.

[2] 陈宇.非物质文化遗产岭南粤剧英译研究现状分析[J].英语广场,2020(18):18-20.

[3] 陈芳蓉.文化多样性与非物质文化遗产的译介[J].浙江师范大学学报(社会科学版), 2013,38(3):64-69.

[4] 陈芳蓉.中国非物质文化遗产英译的难点与对策[J].中国科技翻译,2011,24(2): 41-44.

[5] 陈艳华.京剧中的文化专有项英译研究:以京剧行当名称英译为例[J].海外英语,2016 (4):94-95.

[6] 陈哲敏.全球化背景下川剧翻译与传播的困境与对策[J].吉林省教育学院学报,2016 (3):150-153.

[7] 崔北军.加强蚌埠市非物质文化遗产保护与传承[J].蚌埠党校学报,2015(2):28-30.

[8] 董博.文化认知视角下非物质文化遗产英译研究:以广西壮族古谣谚为例[D].南宁:广西民族大学,2012.

[9] 高昂之.非物质文化遗产的外宣翻译与国际传播:现状与策略[J].浙江理工大学学报(社会科学版),2019,42(2):136-142.

[10] 郝俊雯.论汉英翻译中的语言变通:以《山西非物质文化遗产名录》山西民间文学部分的翻译为例[D].太原:山西大学, 2013.

[11] 胡庆洪,文军.从传播学视角看中国非物质文化遗产英译:以福建非物质文化遗产英译为例[J].上海翻译,2016(2):43-46.

[12] 李应东.《青城水烟》(节选)翻译实践报告[D].兰州:西北师范大学,2015.

[13] 李志坚,张小波.基于文化图式的南岳神灵译介[J].南华大学学报(社会科学版),2017,18 (1):108-112.

[14] 刘立勇.译介学视角下的非物质文化遗产外宣翻译研究[J].教育现代化,2020(15): 176-178.

[15] 刘艳华.译介学视角下辽宁地区民间文学类非遗英译研究[J].辽宁教育行政学院学报, 2019(7):97-100.

[16] 宋亚林. "易"与"译"中的流变:中国非遗的"两度翻译"及其意义的"双重损失"[D]. 上海:华东师范大学,2018.

[17] 苏涛,黄焰结. 中国故事,国际表达:安徽非物质文化遗产外宣译介研究[J]. 蚌埠学院学报,2019,8(3):51-54.

[18] 覃海晶. 生态翻译视阈下非物质文化遗产外宣翻译[J]. 重庆文理学院学报(社会科学版),2015,34(3):15-19.

[19] 田亚亚,孙雪娥. 生态翻译学对非物质文化遗产翻译的启示:陕西省非物质文化遗产翻译研究[J]. 渭南师范学院学报,2016,31(10):55-60.

[20] 王坚. 非物质文化遗产文本的翻译策略:以山西省传统戏剧的翻译为例[D]. 太原:山西大学,2016.

[21] 魏崇周. 2001—2010当代非物质文化遗产热点问题研究综述[J]. 民俗研究,2010(3):80-89.

[22] 谢柯,李艺. 中国非物质文化遗产文本英译的主体性缺失:以传播学为视角[J]. 重庆广播电视大学学报,2016,28(1):65-70.

[23] 杨永刚. 从功能语境视角看"非遗"旅游外宣的翻译:以扬州非物质文化旅游外宣汉英翻译为例[J]. 福建工程学院学报,2014,12(5):459-463.

[24] 于淼. 基于诺德功能翻译理论的中医药"非遗"翻译研究[J]. 长春师范大学学报,2016,35(11):112-115.

[25] 岳婧. 传播学视角下华佗五禽戏外宣翻译研究[J]. 产业与科技论坛,2020,19(5):102-103.

[26] 张宁静. 山西民俗文化翻译实践报告:以《山西省非物质文化遗产名录》山西民俗部分的翻译为例[D]. 太原:山西大学,2015.

[27] 张艳丰,王瑽. 扩大非物质文化遗产的对外传播:以山西省为例[J]. 理论视野,2013(4):100-102.

[28] 钟安林. 生态翻译学对非物质文化遗产翻译的启示:以新疆喀什为例[J]. 喀什大学学报,2019(2):52-56.

[29] 周鸿铎. 应用传播学教程[M]. 北京:中国书籍出版社,2010:20.

[30] 朱玲. 昆剧翻译的多模态视角探索:以《牡丹亭》英译为例[D]. 苏州:苏州大学,2015.

第二章 非遗译介研究的主要理论视角

通过第一章对近10年我国非遗译介研究的统计发现,研究者们对非遗译介的研究采用了20多个理论视角,根据采用相关理论视角进行研究的论文数量多少,本章将重点阐述相关论文数量排前三位的翻译传播学理论、生态翻译学理论及译介学理论等三大理论视角,探究这三种理论在研究非遗译介方面的特点。

第一节 翻译传播学理论

一、传播学及翻译交际学理论在国外的发展

传播学的研究始于20世纪20年代,成型于40—50年代,到了70—80年

代,在北美、西欧、日本等发达国家得到了快速发展,成为一门理论学派林立、学说纷呈、著作丰富的显学。它是研究人类一切传播行为和传播过程发生、发展规律以及传播与人和社会的关系的学问,可以说传播学是一门研究人类如何运用符号进行社会信息交流的学科(董璐,2008)。

传播学在其发展过程中形成了多个学派,其中颇具代表性的两大学派是以美国为代表的经验学派(empirical school),又称传统学派(traditional school),以及以欧洲为典型的批判学派(critical school)。这两大学派从立意旨趣到理论学说,都存在明显的差异与分歧(李彬,2003)。1984年,加拿大批评学者斯迈司(Dallas W. Smythe)曾从三个方面总结了两大学派的差异:

(1)双方选取的研究问题不同,总的来说,经验学派关心的是如何传播或如何有效传播之类的问题,落脚点在传播的效果上,而批判学派关心的是为何传播及为谁传播之类的问题,落脚点在传播的意义上。简言之,经验学派重事实判断,而批判学派重价值判断。

(2)双方所用的研究方法不同,经验学派重定量的实证研究,批判学派重价值判断的思辨研究。

(3)双方对现有的政治、经济秩序所表现的意识形态的倾向性不同,即两者的研究立场或取向不同,一个对现状持肯定性立场,而另一个则持否定性立场。美国经验学派代表人物罗杰斯也曾列举了两大学派的一系列特征,经验学派的特征有:注重经验、定量、功能主义、具体实证、效果研究;批判学派的特征有:注重批判、思辨、马克思主义、广泛联系、控制分析。

传播学的问世,是由诸多因素的综合作用促成的。这些因素可以大致分为两类:一是外在的社会历史的发展,二是内在的学科自身的演化。从学科自身方面讲,它主要有三个来源:一是以科学主义和实证精神为基础的行为科学;二是以信息论、控制论和系统论即俗称的"三论"为主干的信息科学;三是以新闻传播及其规律为研究对象的新闻学(李彬,2003)。

随后,随着传播学的进一步发展,传播学理论主要受到两位传播学大家的影响:一位是拉斯韦尔,另一位是施拉姆。拉斯韦尔(Harold Dwight Lasswell)于1948年发表的《社会传播的结构与功能》,被视为传播学的奠基之作,对传播学产生了两大重要意义:一是提出了著名的"5W"传播模式,即谁(who)、说什么(what)、通过什么渠道(in which channel)、对谁说(to whom)、产生什么效果(with what effect)。同时还对应这五个环节勾画出了传播学的五种分析,即控制分析(control analysis)、内容分析(content analysis)、媒介分析(media analysis)、受众分析(audience analysis)和效果分析(effect analysis)。5W传播模式如图2.1所示。

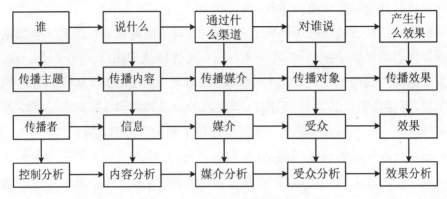

图 2.1　5W传播模式示意图

这5种分析基本涵盖了传播研究的主要领域,恰似五大洲基本上囊括了地球的陆地面积一样(李彬,2003)。

拉斯韦尔的第二个重要贡献是对传播功能的概括,他认为人类传播活动具有三大功能,即环境监视、社会协调和文化传承,这也成为传播学的经典理论之一。

威尔伯·施拉姆(Wilbur Schramm)毕生都致力于传播学的研究,编写了30多部传播学著作,对传播学学科的创立和发展做出了杰出的贡献,传播学的形成是在众多奠基人成果的基础上,由施拉姆完成的,因此,他被公认为"传播学之父"。其贡献主要表现为三个方面:一是建立了最早一批专门致力于传播学研究与教学的基地,从而使传播学得以发展成一门独立的学科;二是培养了一大批传播学研究的后起之秀,使传播学研究得以代代相传;三是出版了系列流传甚广的传播学著作。根据施拉姆的观点,传播过程应包括8个要素:信源(source,信息的来源,是传播过程的开始)、讯息(message,传播的内容,是即将用于交换的信息组合)、编码者(encoder,负责将信息译制为可用于传输或表达的形式,如各种符号和信号等)、渠道(channel,传播讯息所依赖的介质、通道或信息传输系统)、解码者(decoder,与编码者作用相反,负责将编码者编译过的符号和信号还原为接收者能够理解的信息存在形式)、接收者(receiver,信息的接收者,是传播的目的地与终端)、反馈(feedback,介于信源与接收者之间的一种结构,是由接收者在接收讯息后对信源的一种后续的反向传播;信源可以利用反馈来对后续传播做出相应的调整)、噪音(noise,是信息传播过程中可能发生的附加、减损、失真或错误)(董璐,2008)。

传播活动的最基本要素是符号,包括语言符号和非语言符号,其本质体现为信息凭借某种符号进行流通,而翻译的本体也是符号之一的语言,通过两种不同语言的转换实现信息的流通和传播。传播过程传播的是信息,而信息的载体是语言,"对传播中所使用的符号的研究,对运作于这些符号的规则的研究,以及对于符号、规则使用者的研究,构成了传播研究的中心"(齐沪扬,2000)。而翻译研究同样离不开对语言、语言使用规则、语言使用者的关注。

奈达认为翻译就是交际,进而提出了翻译的交际学理论。按照这种观点,任何信息如果不起交际作用,都是毫无用处的,也就是说,译文如果不起交际作用,不能被译文接受者看懂,这种译文就是不合格的、毫无用处的。而要译文被接受者看懂,翻译时就必须考虑语言交际活动的一切有关因素(谭载喜,1999)。

20世纪60年代,人们开始从交际学途经来研究翻译。交际学途径运用交际学和信息论,把翻译看作交流活动,是两种语言之间传递信息和交流思想的一种方式,重点研究的问题主要有7个方面,即:

(1) 信息源点:作者是第一源发点,译者是第二或代理源发点,两者所处的地点、时间、环境不同,但发出的应当是同一信息。

(2) 信息内容:包含3个因素:言语因素即言语表达形式,副语因素即非言语表现的语言相关因素,超语因素即非语言的文化和场合等方面的因素。

(3) 信息受体:为了对信息进行准确而有效地传递,译者在动笔之前应当弄清楚为谁而译,译文应当为特定的读者而作。

(4) 信息反馈:译者要善于从听众或读者那里获取信息,并根据他们的反应做出调整。

(5) 信息噪音:包括影响信息有效传递的物理噪音和心理噪音两种,要想顺利交际,译者必须尽量减少或排除噪音的干扰。

(6) 信息的传递环境:译者必须弄清楚原文是什么时候、在什么地方、在什么背景下、为什么人而作的,再根据这些条件调整与译文场合、译文读者的关系。

(7) 信息的传递手段:译者应考虑口头、书面、电台、电视等手段的不同,采取不同的翻译方法等。

二、翻译传播学在国内的发展

国内的传播学研究起源于 1978 年,虽然起步比较晚,但进步较快。20 世纪 90 年代中后期,翻译学研究者开始提出一种新的理论,即翻译传播理论,将翻译学纳入传播学领域进行研究,认为翻译本身就是一种传播行为。

在这一领域,国内比较有影响力的学者有吕俊、廖七一、姚亮生、唐卫华等。吕俊是国内翻译传播理论研究的先驱之一,1997 年他在《外国语》上发表了《翻译学——传播学的一个特殊领域》一文,首次在国内提出了翻译学传播理论(吕俊,1997)。他认为,翻译是一种跨文化的信息交流与交换的活动,其本质是传播,包括口译、笔译、机器翻译,文学作品的翻译及科技作品的翻译,它们所要完成的任务都可以归结为信息的传播。翻译具有传播学的一般性质,是一种社会信息的传递,表现为传播者、传播渠道、受传者之间的一系列关系;是一个由传播关系组成的动态的、有结构的信息传递过程;是一种社会活动,反映社会关系的特点。

另一位翻译传播领域的先驱是廖七一,他于 1997 年在《四川外语学院学报》上发表了《翻译与信息理论》一文(廖七一,1997),将信息论的一些基本理论应用于翻译研究。他认为,信息论中的一些关键术语如编码、解码、信道容量、噪音、冗余和传输负载为翻译研究与实践开辟了新的领域,并从这个新的角度对如何解决原文信息传输量与译文读者解码能力之间产生的矛盾展开论述。廖七一认为,人们对译文读者背景、译文语言的流畅自然程度和通俗易懂性越来越重视,一方面反映了人们注意的重心已开始从作者、文本转向读者,更注重翻译对读者产生的影响;另一方面也可以视为信息理论等相关学科正在相互渗透并对翻译研究产生着积极的影响。

国内除了这两位翻译传播学理论研究的先驱之外,贾玉新(1998)、张俊(2001)、姚亮生(2003)、唐卫华(2004)、陈敏(2006)等学者也对翻译传播学理论在国内的早期研究发展做出了贡献。贾玉新认为,翻译其实是一种信息的传播或交际活动,即"communication",是一种跨文化、跨语际的信息传播和交际活动(贾玉新,1998)。张俊认为,传播学的视角把翻译过程中的每一个要素都考虑进来了,建立了整体的翻译观,翻译传播理论引导人们对翻译过程的任一要素加以控制,研究受控要素对其他要素的影响和其他要素对受控要素的影响

(张俊,2001)。陈敏认为虽然翻译活动是一种特殊形式的传播过程,但在许多基本性质上与传播学的基本原理是一致的,只是带上了一些特殊的性质和特点而已,它们都属于社会信息的传递;表现出传播者、传播渠道、受信者之间的一系列关系;是一个由传播关系组成的动态的、有结构的信息传递过程;是一种社会活动,其关系反映了社会关系(陈敏,2006)。

三、翻译传播学的研究对象及研究方法

随着翻译传播学作为一门新兴交叉学科在国内的蓬勃发展,更多的研究者开始探索对翻译传播学进行理论架构,其中以谢柯为代表,其2016年在《上海翻译》上发表了《"翻译传播学"的名与实》一文。该文以名实问题为核心,不仅在"名"的层面论证了翻译传播学存在的合理性、研究的有效性和该学科发展的科学性,同时在"实"的层面界定了翻译传播学的研究对象并论述了其研究方法(谢柯、廖雪汝,2016)。该文对促进翻译传播学基本理论框架的形成具有极其重要的学术价值,本书对翻译传播学的研究对象和研究方法的阐释就借鉴了该文。

翻译传播学的研究对象主要包括7个方面,即翻译的传播主体、翻译的传播内容、翻译的传播媒介、翻译的传播受众、翻译的传播效果、翻译传播的目的及翻译传播的环境(谢柯、廖雪汝,2016),具体如下:

(1)翻译的传播主体是指在翻译与传播过程中担负着信息的收集、加工任务,运用符号,借助或不借助媒介工具,首先或主动地向目标受众发出信息的一方。传播者既可以是单个的人,也可以是集体或专门的机构。

(2)翻译的传播内容主要是从传播学角度重新认识翻译内容,并运用传播学中的信息理论等考察怎样的翻译内容能够取得良好的传播效果。

(3)翻译的传播媒介研究是现今的翻译研究很少见的,而媒介研究却是传播学的重要内容之一。传播学的媒介研究给翻译研究打开了一个新的窗口,拓展了翻译研究的范围。任何类型的翻译都涉及传播媒介,而传播媒介因素在一定程度上能影响最终的翻译传播效果。翻译的传播媒介研究侧重不同传播媒介的特征及其与不同类型翻译之间的关系,使传播媒介与具体的翻译类型能够很好匹配,以达到良好的传播效果。

(4)翻译的传播受众研究对传统的翻译研究而言是一大补充,传统的翻译

研究对受众的研究十分不足。几乎所有的翻译都要达到某种目的,译文读者的认同是最重要的。忽略译文读者的特点、期待和需求等,将难以产生令他们满意的译文,得不到译文读者接受的译文可以说是失败的翻译,不会实现传播主体设定的预期目标。翻译的传播受众研究主要是探究目标受众的类型、特点、心理、性格等影响其接受译文的诸多因素及译文读者的反馈。

(5)翻译的传播效果研究特别突显翻译产生的效果研究,既包括对社会产生的影响又包括对个体产生的影响。在考察翻译传播效果时特别注重实证方法的运用,这对传统翻译研究是一种重要的弥补。不考虑传播效果的翻译活动很可能难以达到预期的目标,对翻译产生的效果进行科学测定有助于帮助翻译传播主体认识在翻译和传播过程中的不足之处,以便在再次传播时予以规避或加以改善以获得更好的传播效果。翻译的传播效果研究主要包括传播效果理论及其对翻译的启示,影响翻译传播效果的诸因素,翻译传播效果评估中的主客体指标及翻译传播效果的定性、定量评估方式等方面。

(6)翻译传播的目的研究侧重对翻译活动的目的分析,并探究符合特定翻译传播目的的翻译策略和方法等。

(7)翻译的传播环境研究主要探讨影响翻译传播效果的各种环境因素,如社会环境、政治环境、人文环境、经济环境等。

谢柯、廖雪汝对翻译传播学研究对象7个方面的阐释,不仅对7个方面的内在联系和每个方面的具体研究对象进行了梳理,而且也对每个方面的翻译研究的价值和意义进行了说明,谢柯、廖雪汝对翻译传播学研究对象的阐释,进一步明确了翻译传播学和传播学研究对象之间的区别和联系,更好地促进了翻译传播学的理论构建。

翻译传播学的方法论以传播学方法论为参照,其基本原则是定量研究与定性研究相结合以及历时研究和共时研究相结合。翻译传播学的定量研究主要是对所考察对象的数量特征、数量关系及数量变化等进行分析,并在此基础上形成对考察对象的认识;定性研究方法主要是对考察对象的属性进行分析,并对考察对象的性质、特点等做出阐释和判断;历时研究主要是对考察对象在一段时间内或不同时间的变化进行研究,属动态研究;共时研究是截取某一时代的横断面,对其进行描写和研究,探究其规律,属静态研究。翻译传播学的方法论以传播学方法论为参照,不仅全面而且成熟,将其运用于翻译研究可能会产生新的有意义的结论,而且是对传统翻译研究方法重要的补充。翻译传播学具体的研究方法包括定性和定量两大类。定性研究方法主要包括文献分析法、自主总结法、个案研究法、焦点小组访谈法、深度访谈法、专家评估法和实地调查法等。翻译传播学的定量研究是对传统翻译研究方法的重要弥补,会促进翻译学的科学发展。具体的定量研究方法包括问卷调查法、内容分析法、控制实验法等(谢柯、廖雪汝,2016)。

第二节 生态翻译学理论

一、生态翻译学产生的背景

任何一种理论的形成,都有其深刻的社会背景,生态翻译学的产生也是如此。首先,生态翻译学是社会文明转型在翻译学研究领域的一种反映。自20世纪60年代以来,人类社会逐步开始了从工业文明到生态文明的转型。1972年,联合国发布了《人类环境宣言》,将保护自然环境提升到全人类关注的高度。中国也随之开始重视生态环境问题,此后接连提出可持续发展方针与科学发展观。在这样的背景下,"生态"维度开始进入包括翻译学在内的诸多社会科学研究领域,这是时代发展的自然体现(胡庚申,2010)。

生态翻译学也是现代哲学思想转型的必然结果。20世纪以来,在思想界与哲学领域发生了由主客二分到主体间性、由中心到整体观念的转型。60年代,法国哲学家雅克·德里达提出了"中心"既可在结构之内又可在结构之外、"中心也就并非中心"的重要观点。70年代,挪威生态哲学家阿伦·奈斯提出了"深层次生态学"(Deep Ecology)的理论,将生态学正式引入哲学与伦理学领域,并提出生态自我、生态平等与生态共生等重要生态哲学理念。此后,又经过了美国生态哲学家戴维·格里芬等人的发展。这一过程显示,当代哲学所面对的,是由认识论到存在论、由人类中心观到生态整体观的转向。正是这样的哲学转向,打开了翻译研究从"翻译生态"视角综观翻译活动的视野和思路,最终形成了生态翻译学研究(胡庚申,2010)。

二、生态翻译学在国内外的发展

国际翻译界从 20 世纪 80 年代开始,就以"生态""环境""生存""适应""选择"等生态学视角进行过相关的研究。其中,纽马克将翻译过程中的文化介入分为五大类,第一大类就是翻译的生态学特征(Newmark,1988)。卡坦则进一步明确和细化了翻译生态文化的分类,他提出了翻译的生态环境包括物理环境、政治环境、气候、空间以及临时场景等(Katan,1999)。克罗宁提出要关注语种"翻译的生态"(ecology of translation)的问题,呼吁在不同语种的翻译之间要保持"健康平衡"(Phillipson,2006)。

在国内,生态视角的翻译研究起步较晚,但相继有学者用"翻译生态"的术语来讨论翻译质量、翻译理论以及翻译行业发展问题(张明权,2005;季羡林,2005)。在此之前,也曾有学者提出了"人类文化演变九大律",其中的第一规律即"生态环境横向决定律"(辜正坤,2004)。但这些学者在其研究和描述中,大都采用"喻指"或"实指"的方式,使用了典型的生态学意义上的"生态""环境""生存""适应"乃至"翻译的生态"等术语和概念,从一个侧面表明了"生态取向"的翻译研究已经出现(胡庚申,2010)。胡庚申于 2010 年发表了《生态翻译学:产生的背景与发展的基础》一文,明确指出,"关联序链"的认知路径、"类似同构"的生态特征、"适应选择"的理论体系以及"论学一体"的同源贯通,是生态翻译学发生和发展的基础、前提和条件,这标志着生态翻译学理论在国内正式形成。

三、生态翻译学的内涵

生态翻译学(Eco-translatology)是一种生态学途径的翻译研究。由于生态翻译学至少涉及"生态学"和"翻译学",因此,它是一项跨学科性质的交叉研究。"生态学"被定义为"研究生物与环境以及生物与生物之间相互关系的生物学分支科学"。随着人类对生物与环境逻辑关系的认识不断加深,现代生态学扩展到了研究人类与自然界之间的逻辑关系。而 20 世纪 60、70 年代兴起的群众性环境保护运动更进一步使生态学逐步脱离生物学领域,上升到了对人类与自然界之间本质关系的研究。近年来,在人文科学和社会科学研究领域,"生态"一词则已转而泛指自然健康、保持平衡与"和谐共生"的集合。生态学是奠基于整体主义的科学,其研究方法强调相互关联、相互作用的整体性(Krohne,2001)。而"翻译学"是研究翻译的规律和艺术的学科(王春林,2001)。作为翻译学的一部分,翻译理论是对翻译实质、原理、过程、方法、标准等一系列翻译知识的理性认识和高度抽象。胡庚申2001年提出的"翻译适应选择论",以生物进化论中的"自然选择""适者生存"等基本原理为基石,以中国古代哲学中的"天人合一""适中尚和"的经典智慧为依归,进而又提出了"翻译即适应与选择"的翻译理论(胡庚申,2008)。

在生态学和翻译学,特别是在翻译理论研究的基础上,从翻译生态的视角出发,取生态之要义,喻翻译之整体,基翻译之实际,在相关研究中形成了"翻译生态环境""翻译生态系统""译者适应""译者选择""求存择优""共生互动"等一列术语和概念,持续的理论研究、应用研究和成果积累使得"生态翻译学"呼之欲出。总体而言,生态翻译学研究既是一种"喻指",又是一种"实指"。所谓"喻指",指的是将翻译生态与自然生态做隐喻类比而进行的整体性研究,所谓"实指",指的是取向于译者与翻译生态环境相互关系的研究,特别是译者在翻译生态中的生存境遇和能力发展研究。换言之,生态翻译学着眼于翻译生态系统的整体性,从生态翻译学的视角,以生态翻译学的叙事方式,对翻译的本质、过程、标准、原则和方法以及翻译现象等做出新的描述和解释(胡庚申,2008)。

四、生态翻译学的生态理性特征与翻译研究

生态翻译学以生态整体主义为视角,以华夏生态智慧为依归,以"自然选择"原理为基石,是一项探讨生态翻译、文本生态和"翻译群落"生态及其相互作用、相互关系的跨学科研究。换句话说,作为一个具有显著"跨学科"性质的生态学翻译研究途径,生态翻译学倚重翻译"生态"、取向文本"生命"、关注译者"生存",是一项利用生态系统的理性特征、从生态学视角对翻译学进行综观的整合性研究。

1. 注重整体/关联

生态学强调整体和关联,重视个体对整体环境的依赖。由于系统内各个组成成分之间相互关联、相互作用,使系统成为一个统一的相互关联的整体,并

且,这个整体所表现出来的功能不等于各个关联组成成分功能的简单相加,而是大于各个关联组成成分功能之和。自然生态中的事物处在多维度、多层次的关联整合的网络系统中(胡庚申,2011)。

自然生态系统是这样,翻译生态系统也是这样。翻译生态系统内各相关利益者之间都存在着内在的双向关联互动和重叠交叉现象,这使翻译生态系统构成了一个极其复杂的整体。因此,研究翻译生态体系时,若只是孤立地局限于某子生态系统(翻译本体生态系统)或某一相关利益者(如翻译活动资助者),这是远远不够的。从生态理性视角来看,需要关照不同生态系统之间的关联互动及其整体性(胡庚申,2011)。

2. 讲求动态平衡

在自然界中,生物与生物之间、生物与生存环境之间通过相互作用而形成一定的生态平衡。一方面,外界环境条件的不同会引起生物形态构造、生理活动、化学成分、遗传特性和地理分布的差异;另一方面,生物为适应不同的环境条件也必须不断调整自己。当生态系统中的关联组成成分和比重相对稳定,能量、物质的输入和输出相对平衡时,这样的生态系统处于平衡稳定状态。换句话说,生态系统处于相对平衡稳定时,种群结构和数量比例没有明显变化,能量流动和物质循环的输入与输出接近平衡(胡庚申,2011)。

翻译是一个复杂的生态系统,由于翻译生态与自然生态具有关联性、相似性和同构性,因此,自然生态中的这种平衡性特征在翻译生态系统中也同样是具备的。通过翻译活动主客体之间、翻译活动主体与其外部生态环境之间的相互作用、相互影响,才能形成翻译生态相互依赖的动态平衡系统。一般来说,翻译生态系统内部的自我调节能力的大小取决于系统内部的以译者为代表的"翻译群落"所具有的相关能力(胡庚申,2011)。

3. 体现生态美学

大自然是美的,同时也是理性的。大自然的美在于它的色彩、线条、声音的丰富;大自然的理性在于它的有序与和谐。大自然是色彩:那灿烂的朝霞,那鲜红的落日,那葱绿的森林,那蔚蓝的天空,那黄色的土地,那蓝色的海洋。大自然是线条:那广阔的地平线,那陡峭的山崖,那巍峨的高原,那汹涌的大海狂涛,那平静湖水的微波,那闪电的弧形,那太阳的圆形,那雪花的菱形。大自然是音乐:大海怒吼,泉水叮咚,沙沙春雨,潺潺流水,电闪雷鸣,长风高歌,轻风低语,人声、兽语、鸟鸣。大自然以她特有的色彩、形状、位置和声音,以她特有的有序与和谐,唤起人们心中美的形象、美的思考、美的喜悦、美的追求。这种美的形象、美的思考、美的喜悦、美的追求,在翻译生态里,特别是在翻译过程中表现得尤其充分。翻译研究的现实表明,在翻译学界里,既有人追求翻译的"意美""形美""音美",又有人坚持翻译的"真""善""美"。在翻译研究中,既有人阐述过"词美""句美""逻辑美",又有人探讨过"精确美""模糊美""朦胧美",还有人提倡和讨论"差异美""简洁美"乃至"啰唆的艺术",等等。可以这么说,在翻译学研究过程中,无论是在宏观层面还是在微观层面,人们一直在追求着美,一直在讲求着"对称""均衡""对比""秩序""节奏""韵律",而所有这些,又都是生态学的审美要素和生态审美原则(王如松、周鸿,2004)。

4. 关照"翻译群落"

在自然界中,生物与生物之间、生物与生存环境之间通过相互作用而形成一定的生态平衡。这种生物与生物之间、生物与生存环境之间的关系,类比到翻译生态也同样如此。所谓"翻译群落",指的就是翻译活动中涉及"诸者",即"人",包括译者、读者、作者、资助者、出版者、评论者等,当然以译者为代表。由于以译者为代表的"翻译群落"的思维方式、教育背景、兴趣爱好、翻译理念、审美标准、实践经验等的不同,又由于翻译文本类型、读者需求、接受文化、流通渠道、规范环境等的差异,这些主客观、内外部环境之间的不同和差异必然会造成"翻译群落"主体的不同程度的适应与选择,他们必须动态地调整自己,以适应整体翻译生态环境。同时,翻译的各个生态系统之间也必须相互适应,以便能有效地互动、共生、共进。将以译者为代表的"翻译群落"作为整体加以关照,这是翻译生态系统具有的整体、关联、动态、平衡的"生态理性"所使然,也是生态翻译学研究重视译者、重视"人"的因素的一个特色和优势(胡庚申,2011)。

5. 昭示翻译伦理

生态伦理即人类处理自身及其周围的动物、环境和大自然等生态环境关系的一系列道德规范。通常是人类在进行与自然生态有关的活动中所形成的伦理关系及其调节原则。人类自然生态活动中一切涉及伦理性的方面构成了生态伦理的现实内容,包括合理指导自然生态活动、保护生态平衡与生物多样性、保护与合理使用自然资源、对影响自然生态与生态平衡的重大活动进行科学决策以及人们保护自然生态与物种多样性的道德品质与道德责任等。类比生态伦理,针对翻译实际,生态翻译学的翻译伦理观涉及四个基本原则:一是"文本生态"原则,主要指要保持原文生态和保持译文生态。二是"多维整合"原则,主要指评判译文的标准,不再只是忠实于"原文",也不再只是迎合"读者",而是要在保持文本生态的基础上,使译文能在新的语言、文化、交际生态中"生存"和"长存",进而实现译文的多维度适应性。三是"多元共生"原则,主要指译论研究的多元和不同译本的共生(symbiotic)。如同自然生态中的生物多样性一样,翻译理论研究的多元化和不同译本的共生共存应该成为翻译学发展的一种常态。多元的翻译理论和不同的翻译文本在翻译生态环境中"适者生存""优胜劣汰",不断进化发展。四是"译者责任"原则,主要指译者要在翻译过程、翻译行为以及整个翻译活动中"负全责",统筹协调"翻译群落"(人)、"翻译环境"(境)、"翻译文本"(文)三者之间的相互关系,从而通过"译者全责"来体现"人、境、文"关联互动、平衡和谐的翻译生态整体观(胡庚申,2011)。

6. 倡导多样及统一

多样及统一体现了人类生活与自然界中对立统一的规律。整个宇宙是一个多样及统一的和谐整体。"多样"体现了各个事物个性的千差万别,"统一"体现了各个事物的共性或整体联系。多样及统一,使人感到既丰富又不杂乱,既活泼又有秩序。生态系统的这一特征,既包括了多元的变化,又包括了对称、均衡、对比、节奏、韵律等多种因素和生态审美原则。"多样及统一"的生态理念,不仅对微观文本操作具有指导意义,而且对中观理论体系的建设也具有启发意义,就是对宏观译学架构的设计,其统领的意义也不可替代。胡庚申认为,任何一种理论在一定程度上都具有普适性,但应该有一种理论在整体上更具有普适性(胡庚申,2011)。

第三节　译介学理论

一、译介学的内涵

译介学不同于一般意义上的翻译研究,如果要对它做一个简明扼要的界定的话,那么不妨说,译介学最初从比较文学中媒介学的角度出发,目前则越来越多地从比较文化的角度出发对翻译(尤其是文学翻译)和翻译文学进行研究。严格而言,译介学的研究不是一种语言研究,而是一种文学研究或者文化研究,它关心的不是语言层面上源语与目的语之间如何转换的问题,它关心的是原文在这种外语和本族语转换过程中信息的失落、变形、增添、扩伸等问题,它关心的是翻译(主要是文学翻译)作为人类一种跨文化交流的实践活动所具有的独特价值和意义。译介学尚没有相应的固定英语术语,曾有人建议可翻译成 media-translatology,这个词的前半部分意为"媒介""中介",英语中的"媒介学"一词即为 mediology,后半部分意为"翻译学",这样勉强可以表达译介学的意思。在西方比较文学界,在谈到译介学时,我们经常接触到的是一个意义相当宽泛的术语——翻译研究(translation studies 或 translation study)。但这样一来,这个术语所指的内容其实大大超出了严格意义上的译介学研究的范畴了(谢天振,1999)。

二、译介学的理论意义及实践价值

1. 译介学研究扩大并深化了对翻译和翻译研究的认识

长期以来,人们对翻译的认识多局限于两种语言文字的转换上。所谓"译即易,谓换易言语使相解也"。就是说所谓翻译,就是变通语言,让人们得以相互理解。这句中国古人对翻译的解释主宰了我们(其实也不光是我们,对于其他国家、其他民族也一样)千百年之久。但是,当比较文学家把翻译放到比较文化的语境中予以审视时,翻译的内涵就大大扩大了。试看20世纪80年代法国比较文学家布吕奈尔(P. Brunel)等三人在他们合著的《什么是比较文学》一书中的一句话:"和其他艺术一样,文学首先翻译现实、生活、自然,然后是公众对它无休止地'翻译'。"这里所说的"翻译"显然已不是简单的语言文字的转换了,作者把翻译的内涵已经扩大到了文学艺术对现实、生活和自然的"再现",扩大到了公众(当然也包括文学作品的读者)的理解、接受和解释。这样,"翻译"就成了人类社会中无处不在的一个行为,我们甚至可以这样说:哪里有交往,哪里有交流,哪里就有翻译(谢天振,2018)。

当然,译介学还没有把翻译的内涵扩大到如此大的范围,但它同样是在一个比传统意义上的翻译内涵要大得多的文化交流和文化交往的层面上去审视翻译、研究翻译的。在这样的层面上,研究者对翻译的关注就不会仅仅局限于翻译文本内部的语言文字的转换(虽然这也是译介学一个重要的研究内容),而还要探讨译本以外的许多因素,诸如译入国文化语境中的意识形态、占统治地位的文学观念、译介者、翻译的"赞助人"(出版者或文学社团等)、接受环境,等等(谢天振,2018)。

译介学关于译介者风格问题的讨论也与传统翻译研究不同,并且有自己独特的贡献。在传统意义上的翻译研究者看来,译者的风格自然是不容存在的,因为理想的翻译应该是透明的,也即最好让读者感觉不到译者的存在,因为翻译的目的是要让读者接触原作。翻译好比是媒婆,一旦双方已经见面,她的任务就已经完成,她就应该"告退"。然而,事实果真如此吗?若是,为何精通外文的钱钟书先生在晚年会重新捡出林译本,一本本读得津津有味?若是,为何读者会对某个译者念念不忘,特别青睐?譬如傅雷,譬如朱生豪、卞之琳……而这些译者恰恰没有"隐形",他们的翻译风格特别明显。可见,译者的风格自有其存在的理由,也有其原作所无法取代的独特的价值(谢天振,2018)。

2. 译介学对文学翻译中创造性叛逆的研究,肯定并提高了文学翻译的价值和文学翻译家的地位

关于文学翻译中的创造性叛逆的观点本是法国文学社会学家埃斯卡皮提出来的。他在《文学社会学》一书中说,"翻译总是一种创造性的叛逆"。他解释说:"说翻译是叛逆,那是因为它把作品置于一个完全没有预料到的参照体系里(指语言);说是创造性的,那是因为它赋予作品一个崭新的面貌,使之能与更广

泛的读者进行一次崭新的文学交流;还因为它不仅延长了作品的生命,而且又赋予它第二次生命。"(谢天振,2018)

译介学研究者接过"创造性叛逆"这个命题,结合中外翻译史上大量丰富的翻译实例,对文学翻译中的创造性和叛逆性做了进一步的发挥和深入的阐释。对此有一个耳熟能详的例子,如殷夫翻译的匈牙利诗人裴多菲的名诗"生命诚宝贵,爱情价更高。若为自由故,二者皆可抛。"那整齐划一的诗的形式,抑扬顿挫的诗的韵律,以及诗中那层层递进的诗的意境,等等,在译介学研究者看来,都已经是译者的贡献了,属于原作者的仅是那"甘愿抛弃一切,为自由献身"的思想(谢天振,2018)。

有必要强调一下的是,译介学对"创造性叛逆"观点的发挥和阐释并不局限在对这一观点简单地论证和确认上,而是另有更深刻的含义。译介学通过对"创造性叛逆"观点的阐发,生动、形象、有力地论证了文学翻译的再创造价值。译介学研究者指出,经过文学翻译家的再创造,译作中已经融入了文学翻译家的艺术贡献,无论怎样忠实于原作,它已经不可能等同于原作,译作已经成为一个相对独立的存在。这样,译介学研究便从根本上肯定并提高了文学翻译的价值和文学翻译家的地位(谢天振,2018)。

3. 译介学对翻译文学的归属进行了论证,提出了"翻译文学是中国文学的一个组成部分"的鲜明观点

译介学提出的翻译文学的概念和对翻译文学归属问题的探讨,不仅为文学翻译研究开拓出了一片相对独立而又巨大的研究空间,而且还触动了对传统的国别文学史的编写原则的反思。从某种程度上而言,这也许可视作译介学研究对学界的最大贡献了。因为如果承认翻译文学应该在译入语文学史上占有一席之地,那么随之而来的问题就是,现今的没有把翻译文学包括在内的文学史是不是应该算是不完整的而应该重写呢?可见,译介学关于翻译文学归属问题的思考,对当前的民族或国别文学史的编写者也是一种触动和启发(谢天振,2018)。

4. 译介学对编写翻译文学史的思考同样展现了一个广阔的学术空间

译介学分析了文学翻译的创造性叛逆性质,厘清了翻译文学与外国文学之间并不等同的关系,强调了翻译与创作所具有的同等的创造意义和建构民族、

国别文学发展史的意义,在此基础上,它又进一步指出翻译文学与外国文学既有联系又相对独立并提出了编撰翻译文学史的设想。虽然在译介学之前,我国学术史上已经有人提出过关于翻译文学史的设想,并且还有过不止一次的编撰翻译文学史的实践。然而,由于历史的原因,人们往往对翻译文学史与文学翻译史不作区分,把两者相混,有的著作尽管标题也是翻译文学史,实质上仍是一部文学翻译史(谢天振,2018)。

译介学的贡献在于首次对翻译文学史与文学翻译史这两个不同的概念进行了明确的区分界定。译介学研究者认为,以叙述文学翻译事件为主的"翻译文学史"不是严格意义上的翻译文学史,而是文学翻译史。文学翻译史以翻译事件为核心,关注的是翻译事件和历史过程历时性的线索。而翻译文学史不仅注重历时性的翻译活动,更关注翻译事件发生的文化空间、译者翻译行为的文学文化目的以及进入中国文学视野的外国作家。翻译文学史将翻译文学纳入特定时代的文化时空中进行考察,阐释文学翻译的文化目的、翻译形态、翻译中为达到某种文化目的所做的处理以及翻译的效果等,探讨翻译文学与民族文学在特定时代的关系和意义(谢天振,2018)。

第四节 本 章 小 结

通过本章的梳理我们发现,翻译传播学是翻译研究的一种新范式,较以往的研究范式更能体现出翻译的传播本质。而且,翻译传播学将传播主体、信息、传播受众、传播媒介、传播效果等传播学概念和范畴引入到翻译学领域,形成了翻译研究的新参照系,并借此实现了对翻译活动传播本质属性的新认识。非遗译介活动本身不仅是一种翻译活动,也是一种传播活动,这与翻译传播学的研究范式完全一致,基于翻译传播学理论研究非遗译介具有得天独厚的优势。生态翻译学理论作为中国本土的翻译学理论,其"适应/选择"的理论体系不仅强调"译者主导""译者中心",同时兼顾"选择性适应"/"适应性选择"的翻译方法,能够有效地指导具有中国特色的非遗翻译,从而实现一种非遗译介生态的平衡。译介学理论关心的是翻译作为人类一种跨文化交流的实践活动所具有的独特价值和意义,基于译介学理论研究非遗有利于研究非遗外宣的效果,对其实现有效的传播与交流、传承与保护具有重大启示意义。

本章参考文献

［1］ CZITROM D J. Media and the american mind：from morse to mcluhan［M］. Beijing：Xinhua Press，1984.

［2］ PETER N. A textbook of translation［M］. London/ Toronto/ Sydney：Prentice-Hall，1988.

［3］ ROBERT P. Review of michael cronin，"translation and globalization"［J］. Language Policy，2006(5)：227-232.

［4］ 董璐. 传播学核心理论与概念［M］. 北京：北京大学出版社，2008.

［5］ 董文思. 传播学视域下的外宣翻译：以上海世博会材料为例［D］. 荆州：长江大学，2013.

［6］ 辜正坤. 互构语言文化学原理［M］. 北京：清华大学出版社，2004.

［7］ 哈罗德·拉斯韦尔. 社会传播的结构与功能［M］. 北京：中国传媒大学出版社，2013.

［8］ 胡庚申. 生态翻译学：生态理性特征及其对翻译研究的启示［J］. 中国外语，2011(11)：96-109.

［9］ 胡庚申. 生态翻译学：产生的背景与发展的基础［J］. 外语研究，2010(4)：62-67.

［10］ 胡正荣，段鹏，张磊. 传播学总论［M］. 北京：清华大学出版社，2008.

［11］ 李景端，季羡林. 听季羡林先生谈翻译［N］. 光明日报，2005-02-17.

［12］ 李彬. 传播学引论［M］. 北京：新华出版社，2003.

［13］ 刘安洪，谢柯. 传播学视阈下的旅游翻译研究［M］. 北京：外语教学与研究出版社，2014.

［14］ 吕俊. 翻译学：传播学的一个特殊领域［J］. 外国语，1997(2)：39-44.

［15］ 麻争旗. 译学与跨文化传播：对翻译的根本反思［M］. 上海：上海交通大学出版社，2011.

［16］ 唐卫华. 论翻译过程的传播本质［J］. 外语研究，2004(2)：48-50.

［17］ 王如松，周鸿. 人与生态学［M］. 昆明：云南人民出版社，2004.

［18］ 谢柯，廖雪汝. "翻译传播学"的名与实［J］. 上海翻译，2016(1)：14-18.

［19］ 谢天振. 译介学［M］. 上海：上海外语教育出版社，1999.

［20］ 姚亮生. 内向传播和人际传播的双向对话：论建立传播学的翻译观［J］. 南京大学学报(社会科学版)，2004(3)：135-139.

［21］ 杨雪莲. 传播学视角下的外宣翻译：以今日中国的英译为个案［D］. 上海：上海外国语大学，2010.

［22］ 张明权. 二元对立翻译观的文化解构［J］. 北京第二外国语学院学报，2005(2)：6-9.

第三章 安徽民间文学类非遗译介研究

第一节 安徽非遗译介概述

安徽省的非物质文化遗产丰富,种类繁多,截至目前,共拥有国家级非物质文化遗产82项(含扩展名录),涵盖民间文学,传统音乐,传统舞蹈,传统戏剧,曲艺,传统体育、游艺与杂技,民间美术,传统手工技艺,传统医药和民俗等全部十大门类。非物质文化遗产的国际化进程是当今世界经济全球化的必然结果,只有讲好中国故事,才能让世界更好地了解安徽的非物质文化遗产,才能让安徽更好地走向世界。在这一过程中,非遗译介发挥着举足轻重的作用。但是由于非遗具有浓郁的民族和地域特色,想要实现译文准确、通达、生动的目标着实不易,必须要充分考虑到译者、翻译内容、翻译途径、受众以及翻译效果等要素,而这些正是译介所包含的五大要素。因此,对译介的研究有助于切实改善非遗的对外传播效果(苏涛、黄焰结,2019)。

从2006年由国务院批准、文化部确定并公布第一批国家级非物质文化遗产项目名录开始,到2021年10月,国务院共批准5批国家级非物质文化遗产项目名录和5批国家级非遗代表性项目扩展名录,我们依次做了梳理:

2006年第一批国家级非遗项目名录中,安徽的国家级非遗项目涵盖6大类共19项。其中,传统音乐2项、传统舞蹈1项、传统戏剧8项、曲艺1项、民间美术1项、传统手工技艺6项。

2008年第一批国家级非遗代表性项目扩展名录中,安徽的国家级非遗项目涵盖3大类共5项。其中,传统舞蹈1项、民间美术3项、传统手工技艺1项。

2008年第二批国家级非遗项目名录中,安徽的国家级非遗项目涵盖8大类共23项。其中,民间文学1项,传统体育、游艺与杂技1项,民俗4项,传统手工技艺6项,传统音乐4项,传统舞蹈2项,传统戏剧4项,民间美术1项。

2011年第三批国家级非遗项目名录中,安徽的国家级非遗项目涵盖4大类共5项。其中,传统音乐1项,传统戏剧2项,曲艺1项,传统体育、游艺与杂技1项。

2011年第三批国家级非遗代表性项目扩展名录中,安徽的国家级非遗项目涵盖6大类共7项。其中,传统医药1项、民俗1项、民间美术1项、传统戏剧2项、传统舞蹈1项、传统音乐1项。

2014年第四批国家级非遗项目名录中,安徽的国家级非遗项目涵盖3大类共4项。其中,民间美术1项、传统手工技艺1项、民间文学2项。

2014年第四批国家级非遗代表性项目扩展名录中,安徽的国家级非遗项目涵盖7大类共8项。其中传统音乐1项、传统舞蹈2项、传统戏剧1项、民间美术1项、传统手工技艺1项、民俗1项、传统医药1项。

2021年第五批国家级非遗项目名录中,安徽的国家级非遗项目涵盖3大类共4项。其中,传统手工技艺1项,民间文学1项,传统体育、游艺与杂技2项。

2021年第五批国家级非遗代表性项目扩展名录中,安徽的国家级非遗项目涵盖4大类共7项。其中,传统舞蹈1项、传统戏剧2项、传统手工技艺3项、传统医药1项。

表3.1列举了截至2021年10月安徽所有国家级非物质文化遗产项目、批准批次、编号和申报地区等信息。

表 3.1 安徽省国家级非物质文化遗产名录一览表①

序号	编号	批次	类别	名称	申报地区
1	Ⅰ-79	2	民间文学	桐城歌	安徽省桐城市
2	Ⅰ-130	4	民间文学	孔雀东南飞传说	安徽省怀宁县
3	Ⅰ-131	4	民间文学	老子传说	安徽省涡阳县
4	Ⅰ-164	5	民间文学	包公故事	安徽省合肥市
5	Ⅱ-5	1	传统音乐	当涂民歌	安徽省马鞍山市
6	Ⅱ-6	1	传统音乐	巢湖民歌	安徽省巢湖市
7	Ⅱ-37	3+	传统音乐	唢呐艺术	安徽省宿州市
8	Ⅱ-37	4+	传统音乐	唢呐艺术（灵璧菠林喇叭）	安徽省灵璧县
9	Ⅱ-76	2	传统音乐	五河民歌	安徽省五河县
10	Ⅱ-77	2	传统音乐	大别山民歌	安徽省六安市
11	Ⅱ-78	2	传统音乐	徽州民歌	安徽省黄山市
12	Ⅱ-139	2	传统音乐	道教音乐	安徽省休宁县
13	Ⅱ-140	3	传统音乐	凤阳民歌	安徽省滁州市
14	Ⅲ-6	1	传统舞蹈	花鼓灯	安徽省蚌埠市、凤台县、颍上县
15	Ⅲ-45	2	传统舞蹈	灯舞	安徽省东至县
16	Ⅲ-48	2	传统舞蹈	火老虎	安徽省凤台县
17	Ⅲ-7	1+	传统舞蹈	傩舞（祁门傩舞）	安徽省祁门县
18	Ⅲ-45	3+	传统舞蹈	灯舞（无为鱼灯）	安徽省无为县
19	Ⅲ-4	4+	传统舞蹈	龙舞（手龙舞）	安徽省绩溪县
20	Ⅲ-7	4+	传统舞蹈	傩舞（跳五猖）	安徽省郎溪县
21	Ⅲ-7	5+	传统舞蹈	龙舞（徽州板凳龙）	安徽省休宁县
22	Ⅳ-6	1	传统戏剧	青阳腔	安徽省青阳县
23	Ⅳ-7	1	传统戏剧	高腔（岳西高腔）	安徽省岳西县
24	Ⅳ-29	1	传统戏剧	徽剧	安徽省黄山市
25	Ⅳ-57	1	传统戏剧	庐剧	安徽省合肥市、六安市

① "申报地区"以当年申报时的地理区划为准。

续表

序号	编号	批次	类别	名称	申报地区
26	Ⅳ-60	1	传统戏剧	黄梅戏	安徽省安庆市
27	Ⅳ-62	1	传统戏剧	泗州戏	安徽省宿州市、蚌埠市
28	Ⅳ-87	1	传统戏剧	目连戏	安徽省祁门县
29	Ⅳ-89	1	传统戏剧	傩戏	安徽省池州市
30	Ⅳ-97	2	传统戏剧	坠子戏	安徽省宿州市
31	Ⅳ-111	2	传统戏剧	文南词	安徽省宿松县
32	Ⅳ-112	2	传统戏剧	花鼓戏	安徽省宿州市、淮北市、宣城市
33	Ⅳ-113	2	传统戏剧	二夹弦	安徽省亳州市
34	Ⅳ-143	3	传统戏剧	嗨子戏	安徽省阜南县
35	Ⅳ-155	3	传统戏剧	淮北梆子戏	安徽省宿州市、阜阳市
36	Ⅳ-57	3+	传统戏剧	庐剧(东路庐剧)	安徽省和县
37	Ⅳ-60	3+	传统戏剧	黄梅戏	安徽省黄梅戏剧院
38	Ⅳ-50	4+	传统戏剧	四平调	安徽省砀山县
39	Ⅳ-87	5+	传统戏剧	目连戏(南陵目连戏)	安徽省南陵县
40	Ⅳ-155	5+	传统戏剧	淮北梆子戏	安徽省亳州市谯城区
41	Ⅴ-36	1	曲艺	凤阳花鼓	安徽省凤阳县
42	Ⅴ-105	3	曲艺	渔鼓道情	安徽省萧县
43	Ⅵ-51	2	传统体育、游艺与杂技	埇桥马戏	安徽省宿州市埇桥区
44	Ⅵ-63	3	传统体育、游艺与杂技	华佗五禽戏	安徽省亳州市
45	Ⅵ-87	5	传统体育、游艺与杂技	西凉掌(亳州晰扬掌)	安徽省亳州市

续表

序号	编号	批次	类别	名称	申报地区
46	Ⅵ-108	5	传统体育、游艺与杂技	临泉杂技	安徽省临泉县
47	Ⅶ-37	1	民间美术	徽州三雕	安徽省黄山市
48	Ⅶ-94	2	民间美术	盆景技艺	安徽省歙县
49	Ⅶ-16	1+	民间美术	剪纸（阜阳剪纸）	安徽省阜阳市
50	Ⅶ-25	1+	民间美术	挑花（望江挑花）	安徽省望江县
51	Ⅶ-51	1+	民间美术	竹编（舒席）	安徽省舒城县
52	Ⅶ-55	3+	民间美术	柳编（黄岗柳编、霍邱柳编）	安徽省阜南县、霍邱县
53	Ⅶ-120	4	民间美术	刻铜（杜氏刻铜）	安徽省阜阳市
54		4+	民间美术	竹刻（徽州竹雕）	安徽省黄山市徽州区
55	Ⅷ-2	1	传统手工技艺	界首彩陶烧制技艺	安徽省界首市
56	Ⅷ-39	1	传统手工技艺	芜湖铁画锻制技艺	安徽省芜湖市
57	Ⅷ-49	1	传统手工技艺	万安罗盘制作技艺	安徽省休宁县
58	Ⅷ-65	1	传统手工技艺	宣纸制作技艺	安徽省泾县
59	Ⅷ-73	1	传统手工技艺	徽墨制作技艺	安徽省绩溪县、歙县、黄山市屯溪区
60	Ⅷ-74	1	传统手工技艺	歙砚制作技艺	安徽省歙县
61	Ⅷ-127	2	传统手工技艺	漆器髹饰技艺	安徽省黄山市屯溪区
62	Ⅷ-129	2	传统手工技艺	纸笺加工技艺	安徽省巢湖市
63	Ⅷ-130	2	传统手工技艺	宣笔制作技艺	安徽省宣城市
64	Ⅷ-148	2	传统手工技艺	绿茶制作技艺（黄山毛峰、六安瓜片、太平猴魁）	安徽省黄山市徽州区、黄山区，六安市裕安区
65	Ⅷ-149	2	传统手工技艺	红茶制作技艺（祁门红茶制作技艺）	安徽省祁门县

续表

序号	编号	批次	类别	名称	申报地区
66	Ⅷ-178	2	传统手工技艺	徽派传统民居营造技艺	安徽省黄山市
67	Ⅷ-70	1+	传统手工技艺	桑皮纸制作技艺	安徽省潜山县、岳西县
68	Ⅷ-232	4	传统手工技艺	豆腐传统制作技艺	安徽省淮南市、寿县
69	Ⅷ-200	4+	传统手工技艺	毛笔制作技艺（徽笔制作技艺）	安徽省黄山市屯溪区
70	Ⅷ-270	5	传统手工技艺	徽菜烹饪技艺	安徽省
71	Ⅷ-81	5+	传统手工技艺	制扇技艺（王氏制扇）	安徽省广德市
72	Ⅷ-98	5+	传统手工技艺	陶器烧制技艺（痘姆陶器烧制技艺）	安徽省潜山市
73	Ⅷ-144	5+	传统手工技艺	蒸馏酒传统酿造技艺（古井贡酒酿造技艺）	安徽省亳州市
74	Ⅸ-2	3+	传统医药	中医诊法（张一帖内科疗法）	安徽省黄山市
75	Ⅸ-2	4+	传统医药	中医诊疗法（西园喉科医术）	安徽省歙县
76	Ⅸ-2	5+	传统医药	中医针疗法（祁门蛇伤疗法）	安徽省祁门县
77	Ⅹ-81	2	民俗	灯会（肥东洋蛇灯）	安徽省肥东县
78	Ⅹ-87	2	民俗	抬阁（芯子、铁枝、飘色）	安徽省寿县、临泉县
79	Ⅹ-102	2	民俗	界首书会	安徽省界首市
80	Ⅹ-119	2	民俗	珠算（程大位珠算法、珠算文化）	安徽省黄山市屯溪区

续表

序号	编号	批次	类别	名称	申报地区
81	Ⅹ-84	3+	民俗	庙会(九华山庙会)	安徽省池州市九华山风景区
82	Ⅹ-90	4+	民俗	祭祖习俗(徽州祠祭)	安徽省祁门县

注：表中的扩展名录批次用"+"表示。

安徽省政府对非遗的保护和传播极其重视，并于2014年颁发了《安徽省非物质文化遗产条例》，明确支持和要求加强本地区非遗通过互联网、电视广播等途径的传播和推广，近年来各类推介安徽各地特色文化的中文出版物也比较丰富，但英文出版物却相对匮乏。从2017年起，笔者亲自调研了安徽省多个地市的文化局、博物馆等单位，也通过互联网查阅了安徽省内各类非遗网站，结果发现安徽省绝大多数非遗项目对应的英文译介资料为空白。且在已有的英文译本里，还发现了多处明显的误译，这都极大地影响了安徽的外宣文化形象。造成这一状况的原因虽有很多，但与非遗译介本身的特殊性及难度较大最为相关（苏涛、黄焰结，2019）。

第二节　安徽民间文学类非遗译介概述

民间文学，是指民众在生活文化和生活世界里传承、传播、共享的口头传统和语辞艺术。从文类上来说，包括神话、史诗、民间传说、民间故事、民间歌谣、民间叙事、民间小戏、说唱文学、谚语、谜语等。截至2021年，安徽省入选国家级非遗民间文学门类的共4项，分别为第二批入选的桐城歌、第四批入选的《孔雀东南飞传说》《老子传说》和第五批入选的《包公故事》。从表现形式上看，这4项民间文学类非遗可以分为两类：桐城歌属于具有音乐形态的韵文形式，而《孔雀东南飞传说》《老子传说》和《包公故事》均属于以叙述为主的常规民间文学形式。

从非遗译介的情况看，《孔雀东南飞传说》的译介活动最为广泛，《孔雀东南飞传说》的形成过程可追溯到东汉建安年间，庐江郡小吏焦仲卿娶刘兰芝为妻，夫妻恩爱情深。但兰芝为焦母所不容，被遣回娘家。焦、刘两人分手时发誓生死相爱，不复嫁娶。兰芝回娘家后，其兄逼其改嫁，在走投无路时投水身亡，仲卿闻讯后也自缢于庭树。焦、刘殉情一事，震动了庐江郡，"家家户户说焦、刘"，在民间广为流传。300余年后，在群众集体创作的基础上，诞生了《孔雀东南飞》。南朝徐陵将该诗以"古诗为焦仲卿妻作"为题收入他所编的《玉台新咏》，从此进入文坛成为定本，这是保存下来的我国古代最早的一篇叙事诗，堪称中国叙事诗成熟的里程碑，焦仲卿、刘兰芝也被称为中国的罗密欧与朱丽叶。可以说《孔雀东南飞传说》是借着这篇乐府诗词才流传下来并广泛传播的。

鉴于《孔雀东南飞》是我国的第一部长篇叙事诗，也是最优秀的民间叙事诗，在我国文学史上具有极其重要的地位，笔者得以搜集到不少相关译本，其中有较大影响的是许渊冲、汪榕培、赵彦春三位著名翻译家的译本。许渊冲先生的译本收录于1996年北京大学出版社出版的《汉魏六朝诗一百五十首》一书，是《孔雀东南飞》第一个正式出版的译本。汪榕培先生的译本是湖南人民出版社于1998年出版的《孔雀东南飞木兰辞》合译本，他的译本是迄今为止使用韵文并且等行翻译《孔雀东南飞》的最早版本。赵彦春先生的译本是青岛出版社于2007年出版的《翻译诗学散论》中的"孔雀东南飞"一篇，他的译本同样采用了押韵的形式（ABAB式），区别于汪榕培的AABB式。

包公原名包拯，庐州合肥（今安徽合肥肥东）人，是北宋名臣，因其廉洁公正、铁面无私、敢于替百姓申不平，在民间素有"包青天"的美誉。有关包公的传说故事近千年来在合肥地区的流传形式，主要以民间百姓的口口相传为主，其次为散见于文字记载的各类书刊，以及以说唱、戏曲、书场等形式保存下来的演艺故事等。其历史渊源可追溯到元代的杂剧、明代的话本、清代的章回小说。合肥历代的地方史志中也均有详尽的记载。

目前笔者搜集到的《包公故事》已整理成册的有近百篇，可以分为勤奋好学、执法如山、铁面无私、清廉正直、料事如神、为民申冤、严惩贪官、不畏权贵等8个类别。虽然这些故事在合肥周边地区世代相传、家喻户晓、妇孺皆知，也曾以此为原本被拍成各类影视剧，如《包青天》等，但并未有正式出版的译介文本资料。

老子，姓李名耳，字聃，春秋末期人。据涡阳文化局编写的《老子的故事》(2008)记载，老子出生于今安徽西北边陲的亳州市涡阳县。老子是中国古代著名的思想家、哲学家、文学家和史学家，是道家学派创始人和主要代表人物，与庄子并称"老庄"。后被道教尊为始祖,称"太上老君"。在唐朝,老子被追认为李姓始祖。老子还被列为世界文化名人、世界百位历史名人。老子的传世作品《道德经》(又称《老子》),是全球出版发行量最大的著作之一。同时,《道德经》和《易经》《论语》被认为是对中国人影响最深远的三部思想巨著。《道德经》不仅哺育和滋养了中华民族的心灵,也在漫长的历史中不断被翻译、介绍、传播到世界各地,成为全人类的共同精神财富。据联合国教科文组织统计,在世界各国经典名著中,《道德经》是被翻译成最多种语言、发行量最大的传世经典(胡敏,2019)。据俞森林在《道经英译史》一书中所作的统计,从1868年到2010年,仅由外国译者翻译的英文版《道德经》就达77个版本之多(俞森林,2020),而根据荷兰学者克努特沃尔夫(Knut Walf)教授2010年对《道德经》译介情况所做的统计,其西译文本多达643种,其中英译本数量最多,达到206种。这些译本大都在译法上各具匠心,风格上也大相径庭,堪称"百花齐放,百家争鸣"(岳峰,2018)。

由于老子在世界范围内,在宗教和文化领域都具有广泛的影响力,所以无论是关于老子本人的故事,还是关于老子的学说,都有相关的译介文本资料。目前国内有关老子传说非遗译介的文本中有较大影响力的有朝华出版社于2017年出版的绘本版《老子的故事》,其由北京师范大学青年学者孟琢将老子的故事以通俗易懂的白话文形式写出,然后由著名画家姜渭渔根据文本内容进行了创绘,最后由温晋根翻译,最终形成了一本图文并茂的《老子的故事》。还有北京大学出版社于2016年出版的许渊冲先生所著的《老子译话》,在这本著作中,许先生全面探讨了《道德经》(又称《老子》)不同版本的译文,并结合个人对《老子》的理解给出了译文,这本专著对于《道德经》的翻译研究具有重要的学术价值和实践意义。除了这两本颇具影响的译介文本之外,由安徽美术出版社于2008年出版的涡阳文化局编写的《老子的故事》(图文本),对于《老子传说》非遗在国内的传承也具有重要价值。该书在编写过程中,大量搜集和参考了有关老子的民间传说资料,并在史实方面进行了考证,还专门组织人员进行了美术创作,最终出版了这本图文并茂的图书。

作为安徽最早入选国家级非遗民间文学类的项目,桐城歌有其独特的文学价值和艺术价值,它既是一种韵文形式的民间文学,又是融词、曲、表演为一体的综合艺术。近年来,桐城市开展了一系列保护桐城歌非遗的工作,全面搜集和整理了现存的桐城歌,先后编纂出版了《桐城歌谣》《桐城传统儿歌三百首》

《桐城歌》三本专著。此外,桐城市文化馆还先后组织编写并由黑龙江美术出版社于 2013 年出版了《吴楚遗韵:桐城歌》,以及由安徽人民出版社于 2016 年出版了《桐城歌研究论文集》。这些文本资料都对桐城歌的传承保护大有裨益。但是,目前尚未搜集到桐城歌正式的译介文本资料。

第三节 民间文学类非遗的特征

民间文学类非遗除了具备非遗的三个基本特征之外,还具备五个专属特征。首先,非遗的三大基本特征为:综合性,集体性,民族性与地域性。

一、非遗的三大基本特征

1. 综合性

综合性是文化遗产本身或具体到某一个事项的主要特征。特别是文化空间,在其中的某一个事项中,往往包含古代的数学、物理、化学、天文、哲学、宗教、伦理、社会、经济、文学、艺术等。比如老子的故事中的《老子降诞》一篇,对老子为了感谢母亲九九八十一难的孕育之恩,而写成 81 章《道德经》的描述,就是对伦理的描述;《合欢树》一篇中提到的"看问题不仅要看正面,还要看反面,遇事要精心观察",就是朴素的生活哲学;《官场浮沉》对老子仕途的介绍,就是对社会的一种描述;《探求天道》中的论述"天得了道,才能洞察清明;地得了道,才能平静安宁;万物得了道,才能生机勃勃。道是芸芸万物的生命,道是茫茫宇宙的主宰",就是对天文和宇宙的思辨。所以说,任何一种形式的非遗,都能体现很多具体事项的特征,而这些特征的集合也就是综合性。

2. 集体性

非遗不像现在的电视电影、喜剧及音乐、小说诗词等,有明确的内容责任人,即创作者。它是某一事项的初始形态得到集体认同后,在传播、传承过程中逐渐丰富而形成的。上面所说的集体,有极为明确的社会性,它有可能是一个民族、一个区域、一个社区、一个村落、一类人群、一个行业。集体性不单表现在创造上,还充分表现在传播和传承上。非遗众多事项的初始形态一旦得到集体认同后,它便在这个集体中显示出它的价值,这个集体在确立了它的价值取向后,开始进行传播,传播的过程就是各种事项介入集体生产生活、信仰崇拜、祭祀禁忌、岁时节令、人生礼仪、游乐嬉戏等领域的过程。这样,这些事项开始在某几个方面或一个方面规范人们的行为。有了集体创造、集体传播,便开始有了集体传承。传承是由遗产事项的价值确定的,继而便有了集体传承的自觉性。典型的例子如桐城歌,不仅是集体创造的产物,更是集体传播和传承的产物,在传播的过程中,充分地介入到当地人的劳动、生活、爱情、仪式、司礼、趣味、灯歌、儿歌等方面。如反映生活趣味的《哑谜歌》,反映劳动场景的《棉花谣》,反映爱情的《探郎》,还有儿歌《十甲歌》等。

3. 民族性与地域性

非遗的民族性与地域性表现得极为明显。其原因有二:

(1) 语言交流。在古代,氏族集团为坚持自己的独立性与纯洁性,虽不断在争夺生存空间的过程中排斥异己集团,但依然坚守着许多东西,其中最主要的一点就是语言。语言使许多非遗在传播和传承的过程中保持了它的民族性。

(2) 自然环境和生产方式。例如,许多游牧民族,某一个人作为信息传播载体,跟随他的羊群"逐水草而居",一年来他的信息可以传播数十平方千米,而南方的稻作民族,他"守一窝稻子一守就是半年",这半年他的信息就一直滞留于这"一窝稻子"旁边。

像《孔雀东南飞传说》中对地方事物和名胜古迹的依附就充分体现了这种地域性特征,如今天的潜山焦家畈大渡口、相公桥、焦家庄园等遗迹遗存均为地域性特征的表现。

二、民间文学类非遗的五个专属特征

民间文学类非遗的五个专属特征为:口头性、文化性、传承性、变异性、形象性。

1. 口头性

口头性是民间文学最显著的外部特征,其含义主要有三点:一是口头创作,二是口头流传,三是口头保存。民间文学可以说是口耳相传、口传心授的文学。民间文学口头性的形成原因主要在于两个方面:

第一,在中国长期的传统社会里,普通民众文化程度低,有很大比例的劳动者是不识字的,造成口头创作发达的局面。

第二,民间文学的口头性还体现在,它的创作和表演是民众生活的组成部分,民间文学的传统艺术特色在很大程度上是由其口头性造成的,把握口头性是理解民间文学艺术特色的一把钥匙。例如,《孔雀东南飞传说》的传统口头表达,至今在方言里仍可见端倪,比如将刁难媳妇的婆婆喊作"焦八叉",将受折磨的媳妇叫作"苦芝子",将懦弱无能的老好人称为"糯米官人",将趋炎附势的人称为"刘大",将能干要强的小姑娘称为"能小姑"等。

2. 文化性

文化性是民间文学文本中最主要的一个特点。它反映了故事的历史背景、地域色彩,是人们思想观念、价值取向、审美情趣的集中体现。因此,在非遗译介中,一定要处理好文本中所包含的文化蕴意,忠实地表达其思想内涵。例如,《老子的故事》中老子讲"道",说:"人法地,地法天,天法道,道法自然。"这些表达在翻译中都需格外注意,充分理解了其中的思想内涵之后,可以译为:"Man imitates the earth, which imitates heaven, and heaven follows the divine law, and the divine law follows nature."(许渊冲,2016)

民间文学集中反映了劳动人民的生活状况与思想感情,是经过长时间锤炼而形成的口口相传的文化现象。因此,民间文学中最为突出的特征,同时也是翻译中最难处理的情况就是其中所蕴含的文化内容。文化元素的恰当处理对于增进译文的接受程度具有重要的作用。例如,《老子的故事》中讲到老子和商容讨论世间万物的道理,说:"祸兮福之所倚,福兮祸之所伏。"体现了世间万物都是互相依存并相互转化的关系,由于它源于劳动人民朴素的哲学思想,同时又经劳动人民口口相授,所以在翻译本句时,在词汇的选择上和句式上,就要贴近源语的特点,所以本句可以译为:"Weal comes after woe; woe lies under weal."从表达上和意义上都要好于:"It is upon bad fortune that good fortune leans, upon good fortune that bad fortune rests."(许渊冲,2016)

3. 传承性

传承性指民间文学在流传、演变的过程中积淀下来的那些相对稳定的因素,主要体现在两个方面:

第一,内容上的传承性,如一个民族的伦理观念、价值标准、审美情趣、宗教信仰等,都有其主流倾向和较强的稳定性,不会骤然发生根本、彻底的变化,这使民间文学有一些常见的主题和任务类型。

第二,指民间文学长期以来惯用的艺术形式,包括情节构造、讲述方式、修辞方法等方面,都有相对稳定的传统形式,成为民间文学的艺术特色。例如,桐城歌起源于唐代,流传至今,其内容一直反映着人民群众的生产和生活。桐城歌的歌体,很多是独创的七言五句式,这种句式后来成为"湘鄂皖赣以及浙西地区山歌常见的句式",专家们称这种句式为"桐城歌体"。如桐城歌《素帕》:"不写情词不写诗,一方素帕寄心知,心知接了颠倒看,横也丝来竖也丝,这般心思有谁知。"又如《有钱难买少年时》:"栀子开花枝不直,少年不学到几时,笋子出头渐渐老,光阴宜早不宜迟,有钱难买少年时。"这两首桐城歌的歌体,每首均为五句,每句均为七字。

4. 变异性

变异性指在流传过程中民间文学作品从形式到内容的各个方面,包括语言、情节、人物甚至主题,都会发生变化。产生变异性的原因如下:

第一,民间文学的存活方式是口传心记,没有固定的文字形式,它所经过的每一个人既是传播者,也是再创作者,这使作品必然处于不断变化之中。

第二,作品所处的文化背景,主要是时代、地域、民族等因素不同,会使作品有显著的差异,形成作品的时代性、地域性、民族性。

第三,作品在某一社群的流传过程中,传播者的个人因素和在场听众的反应也会造成表述语言、情节构成等方面的变异。变异性是民间文学活态性的一种体现,反映了民间文学的与时俱进。随着时代的变迁,在不断传承的过程中,民间文学势必会有新的关注点,会具有一定的时代性。如桐城歌中的《送郎参军》:"为抗日去当兵,上得前线杀敌人;家里事我一人,里里外外我照应;我把他抚养大,为了建设新中华……"在这首桐城歌里,参军抗日、建设新中华的元素便是特定时代背景的体现。

5. 形象性

形象性指民间文学的语言往往贴近生活,形象生动,它常常运用各种各样的艺术手法将文本中的人物形象鲜明而又生动地塑造出来,给读者留下深刻的印象,也正是这种鲜明的形象性使得民间文学文本得以代代传承。如《包公故事》"茶瓶记"一章中讲道:"宝童要走,王氏高喊他回来,气冲冲地叫马金才脱下宝童的衣服。"(涂平,2009)这句话虽然很短,但就在这短短的一句话中将王氏当时的动作神态刻画得淋漓尽致。"气冲冲"一词极具形象性。又如《包公故事》里的"灰圈记"中讲道:"马均卿不问青红皂白,将海棠打得半死,要她说出情夫是谁,说'谁相信你的鬼话,总有一天我看见了那个野男人,就活活地打死'。"(杨文,2009)"青红皂白、半死、鬼话"等词的使用都非常生动地刻画了马均卿气急败坏的人物形象。

第四节　民间文学类非遗译介的突出问题

一、民间文学类非遗的不可译性问题

译界一直存在着可译性与不可译性的争论,很多学者对此提出过自己的见解:Catford 提出不可译性通常被认为是语言和文化的不可通约性所造成的,所以,他将不可译性分为语言不可译性和文化不可译性(Catford,1965);林语堂认为真正的艺术作品是不可翻译的,"因为作者之思想及作者之文字在最好的作品中若有完全天然之融合,故一离其固有文字则不啻失其精神躯壳,此一点至文字精英遂岌岌不能自存"(廖七一,2000)。奈达认为在语言间不可能做到完全的对等,因此也没有完全准确的翻译。译文的总体影响只会接近原文,而不可能在具体内容上一致(奈达,2004)。孙艺风认为,潜在的不可通约性分隔了源语文化与目标语文化,并导致了不可译性(孙艺风,2012)。刘成萍、陈家晃

则认为意识形态对翻译的操纵是不可译性产生的原因之一,不可译性是意识形态对翻译操纵的必然之果(刘成萍、陈家晃,2015)。方梦之认为,不可译性也是相对的,正如 Catford 所说,随着社会和语言的发展,今日之不可译,明日可能成为可译(方梦之,2003)。换言之,可译性与不可译性都不是绝对的,只是存在一个"度"的概念。遗憾的是,争辩双方均把其讨论限定在语言文化层面,而没有往更高一级的层面拓展(朱义华,2013)。此外,还有很多其他学者也都阐释了各自对可译性和不可译性的看法,总体来看,影响翻译的因素很多,如语言本体的因素、文化差异的因素、意识形态的因素、语境的因素等。

作为文学的一种形式,民间文学类非遗的译介势必也会存在可译性与不可译性的问题。基于对所搜集的民间文学类非遗译介的梳理和分析,笔者认为可以从以下角度来理解民间文学类非遗的可译性与不可译性问题。民间文学的本质是一种基于语言的口头文学,不同于以文字为载体的常规文学形式。例如,《孔雀东南飞传说》不等同于《孔雀东南飞》这部长篇叙事诗,《老子传说》也不等同于《老子的故事》图书,更不等同于《道德经》这部哲学著作。所以,前文中虽然提到《孔雀东南飞》叙事诗、《老子的故事》图书及《道德经》均有一些英文译介的版本,但不等同于这三项民间文学类非遗有相应的英文译介资料。同时,民间文学类非遗的译介也不同于单纯的文学翻译,文学翻译相对于民间文学类非遗的译介来说,可译性更强,译文往往更加严谨、更加符合文字美学,同时也能充分阐释原文的意义。例如,《孔雀东南飞》全诗共 350 余句,在翻译时,不仅每一句的意思都不能遗漏,而且最好能做到译文的音、形、意皆美,尽可能地接近原文的表达。如《孔雀东南飞》中:

原文"孔雀东南飞,五里一徘徊。十三能织素,十四学裁衣。"

译文一:A pair of peacocks to the southeast fly;

At each five miles they look back from the sky.

At thirteen I began to work the loom;

At fourteen I learned to sew in my room. (汪榕培,1998)

译文二:A pair of peacocks southeast fly,

Each five li, they whirl and linger.

At thirteen I could shuttles ply,

At fourteen I learned to tailor. (赵彦春,2007)

从这两个不同版本的译文可以看到,原诗每一句的意思在译文中都得以表达,从译文的形式上看,也保持了诗歌的特点。同时,虽是不同的译者,且采用了不同的押韵形式,但都试图让译文更具韵律美。

又如《〈老子〉译话》中第三十七章"论无为":

原文"道常无为而无不为"。要翻译此句,就要先充分理解这句话的逻辑意义。"无为"是老子的重要思想,这句强调的是顺其自然,说"道"是顺其自然,让万物各行其是,而不横加干涉。"道"本身无为,而让万物各尽所能,为所能为,那"道"就是不所不为了。因此,这句话的译文就是:

The divine law will not do what it cannot, but let everything do what it can, so there is nothing which the divine law cannot do.(许渊冲,2016)

这句的译文不仅充分体现了原文的内涵,并且前后衔接上也充分体现了原文的逻辑性。

而作为民间文学类非遗,存在的不可译因素较多,在译介时应着重考虑意义的表达,而非词汇的对等。如《孔雀东南飞传说》里仍保留着一些方言,例如将刁难媳妇的婆婆称为"焦八叉"。从词汇的选择上,是无法从英语中选择一个合适的词汇进行对译的,如果我们只用"Jiao Ba Cha"这样的拼音进行表达,也无法体现这个词的意义。所以,在这种情况下,只能选择进行意译——"Mother-in-law who treats daughter-in-law badly is called Jiao Ba Cha"。

又如非遗《包公故事》里的"灰圈记"中讲道"马均卿的大老婆罗氏,指着海棠恶狠狠地教训说'要乖乖地听我使唤,不然,就叫你尝尝老娘的手段'"(杨文,2009)。整句话将罗氏狠毒的样子展现得淋漓尽致,也表达出了她极其生气的心理,且"老子、老娘"这种极具中国民间特色的口语词汇非常生动地刻画了故事中人物的形象,但是相应的英文表达却不能机械地对译,或者只用"my"一词进行简单的表达,因为这个词无法有效体现罗氏教训的口吻。所以,在翻译这句话时,就要结合人物的形象、语气、身份等要素综合考虑,可译为"comply, or else"。

二、民间文学类非遗的译介效果问题

在传播学领域,传播效果是传播者发出信息,通过一定的媒介到达受众后所引起的受众思想行为的变化(田中阳,2002)。译介效果则是传播效果在译介学范畴下的解释,是检验翻译活动成败得失的重要尺度。概括而言,译介效果深受译介过程中译介主体、内容、途径、受众等因素的影响(鲍晓英,2015)。

所谓译介主体其实说的就是翻译者是何人。通常我们所知道的由中文翻译成外文的材料,翻译者应为外国人,也就是说目标语言是母语的本族人员去进行翻译才可以将传播目的得以更好地实现(魏红、单小艳,2018)。译介主体对于原文的理解很大程度上决定了译介文本的质量,由于非遗本身所具有的文化性、地域性等特征,对译介主体的理解造成很大的困难。即使是国内的译者,在理解相关非遗的内容方面都存在较多问题,更何况是国外的译者。笔者搜集的译介文本资料,均是在国内刊发或编辑整理的译介文本,也均是由国内的译者进行翻译的,但译文质量并不高,有诸多可以改进之处。如朝华出版社出版的《老子的故事》,原文"《老子》以'道'与'德'为纲领"一句(孟琢,2017),译文为"with the concepts of Dao and De as the key link"。众所周知,《老子》亦称《道德经》,"道"与"德"是其中的核心要义,"道"译为"Dao"已是一种常见的形式(也可译为 Tao 或 divine law),为大家所接受,但"德"也机械地参照"道"的译法,直接译为"De"实属不妥。在翻译时,还是建议译者先做一些考证,参照当前达成共识的译法为宜。"德"通常译为"Te"或"virtue"。

译介的内容即翻译的内容。由于民间文学类非遗口头性的特征,决定了其表现形式大多为口传相授(如《孔雀东南飞传说》《老子传说》和《包公故事》等)或者歌唱表演(如桐城歌)的形式。基于传承和保护的需要,部分非遗由非遗传承人、学者或者非遗主管单位以文字的形式进行记录,在记录的过程中,往往有多人参与,最终导致非遗文本资料的语言风格难以统一,这也会对译者的翻译造成较大的困扰。因此,译者要克服部分非遗文本语言风格不一致的问题,不能仅限于对文本资料的了解,还要通过其他形式对非遗进行全方位的了解,然后根据自己的理解在翻译时对文本进行适当的改编之后,再进行翻译。

译介途径是指通过何种途径进行译介。传统的译介途径主要是书籍或者其他印刷品等文字载体的形式,随着互联网技术的发展,译介途径变得愈加丰富,如网站、微博、微信公众号、短视频等形式。从我们搜集或检索的资料来看,安徽民间文学类非遗的译介途径大致呈现出两个特点:一方面,安徽民间文学类非遗的译介途径相对有限,基本还局限于传统的纸质文本译介途径;另一方面,安徽民间文学类非遗的译介途径前景广阔,《孔雀东南飞传说》《老子传说》《包公故事》等民间文学类非遗有广泛的传播基础,基于新型译介途径将这些故事、传说改编制作成电影、电视剧或视频等的可行性较强。如早在20多年前,美国好莱坞就对我国的民间传说《木兰传说》进行了改编,制作了一部具有世界影响力的优秀动画《花木兰》。近年来,又继续挖掘中国的民间文学类非遗《姜太公传说》,又改编并制作了一部动画电影《姜子牙》。安徽优秀的民间文学类非遗完全可以借鉴这种方式,探索更多样的译介途径。

译介受众是指译介的对象,主要指国外的受众。之所以进行民间文学类非遗的译介,就是为了让更多的国外受众了解中国优秀的民间文学,更全方位地了解中国优秀的民间文化。但是由于国外的受众在历史、宗教、环境、风俗、习惯等方面与中国人都存在较大的差异,况且这些民间文学类非遗在表达形式、文化内涵等方面都具有鲜明的特征,想让外国受众理解并不容易。英国著名翻译理论家 Mona Baker 曾说,理解语篇的能力取决于读者或听众的期望和生活经历。不同社会甚至同一社会里的不同个人或群体都有不一样的经历,对于事物和情景的组合方式及相互联系持有不同的态度。在某个社会中具有意义的某种联系,在另一种社会中可能毫无意义(Mona Baker,2000)。所以,在进行译介时,有必要先了解国外受众的特点,在坚持非遗特色的基础上,适当地对非遗内容进行编译。同时,我们也应清醒地认识到,中国非遗的译介受众的数量是十分有限的。美国著名学者夏志清曾指出,尽管西方 18 世纪的读者就能阅读法语或英语版的中国古典小说和戏剧,但实事求是地说,西方世界根本不存在中国古典文学的大众群体;在世界各地优秀翻译文学作品充斥美国各大书店的情形下,期盼大量的美国读者来阅读中国的古典文学作品实在是不现实的想法(赵征军,2018)。

第五节　民间文学非遗译介的策略

一、明确国外受众需求,灵活采取"贴近"原则

中国外文局原副局长黄友义曾提出,要解决外宣翻译中的难点问题,应坚持"外宣三贴近"的原则,即贴近中国发展的实际、贴近国外受众对中国信息的需求、贴近国外受众的思维习惯(黄友义,2004)。非遗译介和外宣翻译虽然有

所不同,但"外宣三贴近"的原则对非遗译介来说仍然具有重要的指导意义,根据民间文学类非遗的特点,在译介时也应与时俱进地"贴近"。

首先,应贴近民间文学类非遗的固有特点,口头性是民间文学类非遗的固有特点之一,也是民间文学类非遗区别于其他文学作品的重要特征,所以在译介时,应尽量保留这一特征。例如我们在前文中,曾提到《包公故事》里"灰圈记"中的例子,"要乖乖地听我使唤,不然,就叫你尝尝老娘的手段",这句话充分体现了民间文学类非遗口语性的特点,因此在译介时,要充分考虑国外受众日常表达中的口语化特点。无论是在汉语中,还是在英语中,口语表达较书面语来说更加简洁、直接。如果按照意思将本句译为"you have to be obedient, or you will be punished",虽然译文的意思能保持一致,但原文口语化的特点全无,所以可以根据句意,结合英文口语表达的特点翻译本句,可以译为"comply, or else."或者"do it, or else."

其次,应贴近国外受众的思维习惯。由于社会文化、宗教传统、风俗习惯等的差异,国外受众对于民间文学类非遗中的文化元素可能会有和国人截然不同的理解,这就需要在充分保留非遗文化属性的同时,尽量贴近国外受众的思维习惯。例如,朝华出版社出版的《老子的故事》中,某段原文如下:"孔子告别老子后,对弟子们讲起拜见老子的感悟,他说,天上的鸟,我知道它能够飞翔。水里的鱼,我知道它能够潜游。树林里的兽,我知道它能够奔跑。会奔跑的可以用网来捕它,会潜游的可以用线来钓它,会飞翔的可以用箭来射它。至于龙,我就不知道该怎么办了,它是乘着风云飞腾升天的。我这一次见到的老子,大概就是龙吧。"(孟琢,2017)这一段中,"龙"的翻译应格外注意。"龙"是中国人独特的一种文化图腾,象征着皇权、高贵和尊荣,也象征着飞黄腾达、雄伟吉祥。但在西方传统文化中,"龙"对应的英文"dragon"却是邪恶势力的象征。由于"龙"在中西方受众的理解中有着截然相反的形象,所以对于"龙"翻译的争论在学界由来已久。为了更好地推广中国文化、构建中国国家形象,中央电视台曾在 2006 年 12 月的《东方时空》节目中专门做过一期电视调查:"要不要给龙正名?"《人民日报》随后也以"该如何称呼你,中国龙"为题做了相关报道。针对当时的新闻报道,北京大学新闻传播学院关世杰教授建议,可以由国家有关方面出面,召集权威专家研究制定龙的翻译标准,以供翻译和使用时参照执行。但时至今日,对于"龙"的翻译尚无定论。一方面,全国政协委员岳崇在 2015—2017 年的两会上连续三年提交《关于纠正龙与 Dragon 翻译错误的提案》,建议将"龙"译为"Loong"。2017年由国家广电总局电影频道节目中心等单位联合摄制的电影《龙之战》的英文片名就译为《The War of Loong》(黄佶,2018)。另一方面,由教育部、国家语委牵头,多部委联合参与的"中华思想文化术语传播工程"2017年公布的四百条中华思想文化术语的英译中,"龙"仍然被译为"dragon"。此外,台湾学者蒙天祥也指出,早在1985年,中美两国专家学者在编撰中文版的《简明不列颠百科全书》时,在涉及"龙"的条目上已经存在两种不同意见,百科全书第五卷的第367页上,"龙"具有两个独立的条目:其一是"龙 dragon";其二则是"龙 Long(dragon)"。鉴于此,在翻译类似这种具有独特文化含义的词汇或表达时,可以采用译文加备注的形式,先译为"dragon"然后加备注"dragon in Chinese culture symbolizes great power, strength and good luck"。

二、明确译介目的,改善译介效果

非遗译介与文学翻译的目的不同,非遗译介的目的是向国外受众传播中国优秀的传统文化,是中国文化走出去的重要内容之一。而文学翻译的目的从艺术创造的角度来看,是真实生动地再现原文中的"社会映像",传递原文作者抒发的情感,诉诸人的心灵,去"影响人们的理智、感情和意志,引导人们认识生活的规律性,使人们受到教育,得到美的享受"(张今,1987)。从新世纪跨文化交流的角度来说,文学翻译将本国或他国的文化精华传递给彼此,是传播文化、促进文化融合的使者(张健,2013)。明确了非遗译介与文学翻译的目的差异之后,在译介民间文学类非遗时,就可以更多地关注非遗传递的意义和受众的接受效果,而非文学翻译所追求的原作的艺术性和神韵。如桐城歌的代表作之一《素帕》(明·冯梦龙),原文:

素帕
不写情词不写诗,
一方素帕寄心知,
心知接了颠倒看,
横也丝来竖也丝,
这般心思有谁知。

可译为:

A Handkerchief
Without sweet words or poetry,
a white handkerchief only,
Look and check it carefully,
Threads of silk weaved delicately,
Someone knows her heart mutely.（笔者试译）

　　这是一首经典的桐城歌，描述了一个女子寄给心上人一方不题情词艳语的洁白手帕，希冀对方能够读懂破译这无言的爱的密码，见之而深悟自己的情之所属，巧妙含蓄地表达了她的相思之苦和相爱之深。这首歌体是典型的"七言五句式"桐城歌体，前两句句尾和后两句句尾均押韵，笔者试译的译文每句五词，前两句和后两句也分别押韵。将译文给国外受众看过的反馈是，他们基本能理解这首民歌的意思，并能想象其大致的情景，所以从译介效果看，基本实现了译介的目的。但是，原文的第二句、第三句"一方素帕寄心知，心知接了颠倒看"用了顶真的修辞方式，造成了层次递接分明、结构紧凑、语势流畅的效果，为本歌增添了一定的艺术色彩。同时，第四句"横也丝来竖也丝"中的"丝"，谐音双关，除了有"横丝""竖丝"的意思之外，更主要的是表达"横也是思念""竖也是思念"的情愫。无论是原文中的顶真修辞，还是谐音双关，都难以在译文中体现出来，难以完全展现原文的神韵和艺术性。

第六节　本章小结

　　本章通过梳理安徽民间文学类非遗译介的现状、特征，明确了民间文学类非遗译介与文学翻译之间的区别，同时，进一步探讨了民间文学类非遗的可译性问题和译介效果问题，从而归纳出民间文学类非遗的译介策略，即明确国外受众需求，灵活采取"贴近"原则，并且要明确译介目的、改善译介效果。

本章参考文献

[1] CATFORD J C. A linguistic theory of translation[M]. London：Oxford University Press，1965.

[2] BAKER M. In other words：a course book on translation[M]. 北京:外语教学与研究出版社，2000.

[3] NIDA. Toward a science of translating[M]. Shanghai：Shanghai Foreign Language Education Press，2004.

[4] SUN Y F. (Un)translatability and cross-cultural readability[J]. Perspectives：Studies in Translatology，2012(2):231-247.

[5] 鲍晓英. 从莫言英译作品译介效果看中国文学"走出去"[J]. 中国翻译，2015(1):13-17.

[6] 方梦之. 译学辞典[M]. 上海:上海外语教育出版社，2003.

[7] 涡阳文化局. 老子的故事[M]. 合肥:安徽美术出版社，2008.

[8] 胡敏. 道德经:中英双语诵读版[M]. 北京:外文出版社，2019.

[9] 黄佶. dragon 还是 loong:"龙"的翻译与国家形象传播[J]. 秘书，2018(2):4-12.

[10] 黄友义. 坚持"外宣三贴近"原则,处理好外宣翻译中的难点问题[J]. 中国翻译，2004(6):27-28.

[11] 廖七一. 当代西方翻译理论探索[M]. 上海:译林出版社，2000.

[12] 刘成萍,陈家晃. 不可译性与意识形态对翻译的操纵[J]. 上海翻译，2015(3):91-94.

[13] 苏涛,黄焰结. 中国故事,国际表达:安徽非物质文化遗产外宣译介研究[J]. 蚌埠学院学报，2019(3):51-54.

[14] 田中阳. 大众传播学理论[M]. 长沙:岳麓书社，2002:164.

[15] 汪榕培. 孔雀东南飞木兰辞[M]. 长沙:湖南人民出版社，1998.

[16] 魏红,单小艳. 译介学视角下非物质文化遗产外宣翻译研究[J]. 教育教学论坛，2018(8):4-5.

[17] 许渊冲.《老子》译话[M]. 北京:北京大学出版社，2016.

[18] 俞森林. 道经英译史[M]. 上海:上海三联书店，2020.

[19] 岳峰. 中华文献外译与西传研究[M]. 厦门:厦门大学出版社，2018.

[20] 张健. 外宣翻译导论[M]. 北京:国防工业出版社，2013.

[21] 张今. 文学翻译原理[M]. 郑州:河南大学出版社，1987.

[22] 张志鸿,沈佳鸣,郭骊. 吴楚遗韵:桐城歌[M]. 哈尔滨:黑龙江美术出版社，2013.

[23] 张志鸿,郭骊,朱怀江.桐城歌研究论文集[M].合肥:安徽人民出版社,2016.

[24] 赵彦春.翻译诗学散论[M].青岛:青岛大学出版社,2007.

[25] 赵征军.汉学家白之英译《牡丹亭》戏剧翻译规范探究[J].燕山大学学报(哲学社会科学版),2018(2):62-66.

[26] 朱义华.非物质文化遗产吴歌保护与传承的译介学探索进路研究[J].江南大学学报(人文社会科学版),2013(5):122-128.

[27] https://www.5068.com/wenhua/621820.html.

第四章 安徽传统戏剧类非遗译介研究

第一节 安徽传统戏剧类非遗概述

非遗中的传统戏剧特指中国各地域各民族人民创造的传统戏曲艺术。传统戏剧综合了文学、音乐、舞蹈、绘画、雕塑、杂技、武术等元素,舞台表演讲究唱、念、做、打,具有很强的虚拟性、程式性与技术性。其"角色行当"主要分为生、旦、净、丑等几种类型。传统戏剧表演,在舞台上不设置固定的场景,剧中人物的情境一般要靠演员的语言和动作来体现,戏曲语言的叙述性和表演动作的虚拟性、程式性是戏剧表演的重要特色。戏曲舞台上的时间与空间的处理也体现出高度的灵活性。中国戏曲的起源可追溯到上古时的歌舞,经过汉、唐,直到宋、金才形成较完整的戏曲艺术形态。南宋时温州一带产生的南戏,一般被认为是中国戏曲最早的成熟形式,金末元初中国北方形成了元杂剧,并演唱北曲,形成中国戏剧发展中创作与演出的繁盛时期。由于方言、音乐上的差别,经过元、明、清交融交汇的艺术演变,在各地形成形形色色的声腔与剧种。也有一些剧种是在民间舞蹈、说唱、少数民族歌舞说唱基础上发展而来的。进入国家级非遗的传统戏剧剧种一般应符合以下各项标准:第一,在一定地区长期流传,具

有独特的历史和文化价值;第二,在唱腔、表演、剧目等方面具有鲜明的特点;第三,影响较大。(陆勤毅,2015)

安徽戏曲艺术源远流长,遗产丰富。早在明嘉靖年间(1522—1576),在沿江一带就流行的"假面俳优"(傩戏),至今在贵池仍有保存,被视为戏曲的活化石。

明万历前后(1537—1620),青阳腔和徽州腔崛起,在岳西、潜山一带至今仍有影响。发源于安徽的徽剧艺术在中国戏剧史上占有重要地位。清乾隆五十五年(1790),"三庆""四喜""春台""和春"四大徽班相继进京,影响很大,成为汇成近代京剧艺术的主要源流之一。著名表演艺术家、京剧主要创始人程长庚,就是安徽怀宁县人。当时还有诸多表演艺术家,如杨小楼、余三胜等人,均为怀宁县石牌镇人,因此史有"无石不成班"之说。

安徽传统戏剧品种繁多,丰富多彩,主要有黄梅戏、庐剧、徽剧、泗州戏(拉魂腔)、岳西高腔、傩戏等。评剧、扬剧、越剧也在安徽的一些地区流行。这些剧种深深扎根民间,有广泛的群众基础,受到群众喜爱。

一、黄梅戏简述

黄梅戏是安徽的主要地方戏剧种,发源于以安徽省安庆市为中心的皖江流域(上至皖鄂交界的大别山地区,下至宿松、岳西、太湖、望江、潜山、怀宁、安庆市区、枞阳、桐城以及池州在内的广大皖江流域),并最终以完整的独立剧种的形式诞生、成长、兴盛于安庆地区。

黄梅戏的源头可能是来自湖北与安徽交界的大别山地区的民间曲调(目前此观点较为普遍)。传说清朝乾隆时期,湖北省黄梅县一带的大别山采茶调传入毗邻的安徽省怀宁县等地区,与当地民间艺术结合,并用安庆方言歌唱和念白,逐渐发展为一个新的戏曲剧种,当时称为怀腔或怀调,这就是早期的黄梅戏。其后黄梅戏又借鉴吸收了青阳腔和徽调的音乐、表演和剧目,开始演出"本戏"。后以安庆为中心,经过100多年(19世纪初至新中国成立前)的发展,黄梅戏成为安徽主要的地方戏曲剧种和全国知名的大剧种。

黄梅戏以抒情见长,韵味丰厚,唱腔纯朴清新,细腻动人,具有丰富的表现力,且通俗易懂,易于普及,深受各地群众的喜爱。在音乐伴奏上,早期黄梅戏由三人演奏堂鼓、钹、小锣、大锣等打击乐器,同时参加帮腔,号称"三打七唱"。

中华人民共和国成立以后,黄梅戏正式确立了以高胡为主奏乐器的伴奏体系。

黄梅戏中有许多为人熟知的优秀剧目,而以《天仙配》《女驸马》《牛郎织女》《夫妻观灯》《打猪草》《小辞店》《孟丽君》《纺棉纱》等最具代表性。

二、徽剧简述

徽剧是一种重要的地方戏曲声腔,主要流行于安徽省境内和江西省婺源县一带。

《中国戏曲志·安徽卷》记载:明末清初,徽剧以青阳腔、昆曲及地方俗曲为基础,于安庆石牌、枞阳一带发展而形成。

明末清初,乱弹声腔传入安徽,与地方声腔及民间音乐结合,在安庆府的石牌、枞阳、桐城等地形成拨子。乾隆年间,拨子与四平腔脱胎而来的吹腔逐渐融合,形成二黄腔。二黄腔又与湖北西皮形成皮黄合奏,奠定了徽剧的基础。

清初,徽剧盛行于安徽及江浙一带,在南方流布甚广;清中期,风靡全国。清乾隆年间,"三庆""春台""四喜""和春"四大徽班先后进京演出,名噪华夏,这就是著名的"徽班进京"。

清道光、咸丰年间,徽剧在北京同湖北汉剧等剧种结合,逐渐演变成京剧。清代后期,京剧兴盛,徽剧艺人多改学新腔,但徽剧在徽州部分地区仍然流行。徽剧是一个包罗万象、五彩缤纷的艺术宝库,是新安文化灿烂篇章的重要一页。2006年5月20日,徽剧经国务院批准列入第一批国家级非物质文化遗产名录。

徽剧中较有影响的有:《齐王点马》《百花赠剑》《七擒孟获》《八阵图》《水淹七军》《淤泥河》《打百弹》《拿虎》等。

三、庐剧简述

庐剧,旧称"倒七戏",是安徽省地方戏主要剧种之一。清末以来,流行于安徽境内的淮河以南、长江以北地区。它是在大别山一带的山歌、淮河一带的花灯歌舞的基础上吸收了锣鼓书(门歌)、端公戏、嗨子戏的唱腔发展而成的。庐剧曲调清新朴实,优美动听,很受当地群众喜爱。

庐剧在安徽因地域不同,形成了上、中、下三路,即三个流派。上路(西路),以六安为中心,音乐粗犷高亢,跌宕起伏,具有山区特色的山歌风。下路(东路),以芜湖为中心,音乐清秀婉转,细腻平和,具有水乡特色的水乡味。中路以合肥为中心,音乐兼有上路、下路两地特色。由于它的流行区域是皖中古庐州一带,在 1955 年 3 月,经安徽省委宣传部批准,正式将"倒七戏"改名为"庐剧"。

庐剧唱腔分主调和花腔两个部分。主调富于叙事,也可抒情,适合表现较复杂的戏剧感情。花腔曲调绝大部分是民歌小调,一般曲式固定,反复演唱。

1957 年安徽省庐剧团赴京演出了传统剧目《休丁香》《借罗衣》《讨学钱》等,赢得首都各界的好评,并受到毛泽东、刘少奇、周恩来等中央领导的接见。2006 年 5 月 20 日,庐剧经国务院批准列入第一批国家级非物质文化遗产名录。

较有影响的庐剧剧目包括《彩楼配》《药茶记》《天宝图》《柴斧记》《借罗衣》《打芦花》《讨学钱》《休丁香》《雪梅观画》《放鹦哥》《卖线纱》等。

四、泗州戏简述

泗州戏是安徽省四大剧种之一,原名拉魂腔,流行于安徽淮河两岸,距今已有 200 多年的历史。泗州戏、山东的柳琴戏、江苏的淮海戏同是由"拉魂腔"发展而来的,彼此之间存在着一定的亲缘关系。

对于泗州戏的形成说法不一,许多人认为它发源于苏北海州一带,原是当地农民以"猎户腔"和"太平歌"等民间曲调即兴演唱的小戏,后传入泗州并吸收当地民间演唱艺术,形成了安徽的"拉魂腔"泗州戏。1920 年前后,泗州戏才由固定的班社演出,并开始进入城市。

泗州戏的唱腔随意性很强,演员可以根据自身嗓音条件随意发挥,故名"怡心调"。男腔粗犷豪放,高亢嘹亮;女腔婉转悠扬,结尾处多翻高八度拉腔,明丽泼辣,动人魂魄。其伴奏乐器以土琵琶为主,辅以三弦、笙、二胡、高胡、笛子等,另有板鼓、大锣、铙钹、小锣四大件打击乐器。

泗州戏的角色主要分大生、老生、二头、小头、丑等几类,其表演在说唱基础上大量吸收民间的"压花场""小车舞""旱船舞""花灯舞""跑驴"等舞蹈表演形式,受戏曲程式规范的影响不大,带有明快活泼、质朴爽朗、刚劲泼辣的特点,充满浓郁的皖北乡土气息。演出时有许多独特的身段和步法,如四台角、旋风式、剪子股、仙鹤走、百马大战、抽梁换柱、燕子拨泥、怀中抱月、凤凰双展翅等,演员必须注意手、眼、腰、腿等各部位的协调与配合。

泗州戏有传统大戏80多种，小戏和折戏60多种，代表剧目有《三蜷寒桥》《杨八姐救兄》《樊梨花点兵》《皮秀英四告》《大花园》《罗鞋记》《绒花记》《跑窑》《拾棉花》等。

五、岳西高腔简述

岳西高腔是安徽省岳西县独存的古老稀有剧种，由明代青阳腔沿袭变化而来，有300多年的传承历史。明末清初，文人商贾溯潜水、长河将青阳腔传入岳西，当地文人围鼓习唱，组班结社，岳西高腔初步成型；光绪初期，外来职业高腔艺人系统传授舞台表演艺术，促进了岳西高腔的进一步发展。

岳西高腔艺术遗产丰厚，其戏曲文学、戏曲音乐、表演艺术及基本活动形式都自成体系，风格独特，可分为"正戏"和"喜曲"两类，其中"正戏"占绝大多数，包括《荆钗记》等南戏五大传奇剧目的精彩折子，具有较高的文化品位和文学价值，其最大特征是继承了"滚调"艺术并发展成"畅滚"；"喜曲"所唱均为吉庆之词，主要用于民俗活动，是岳西民俗文化的重要组成部分。

岳西高腔剧目的最大特点，便是大量运用"滚调"。它将传统曲牌结构破开，在曲词的曲前、曲中、曲尾、曲外，自由地增加不拘韵律、句式、字数的唱词和说白。"滚调"的大量运用，带有明显的曲牌体向板腔体过渡变化的印痕。

岳西高腔的另一大特色是演唱与民风民俗融为一体，特定的场合必须唱特定的"专题剧目"。如寿戏要唱《庆寿》《讨寿》《上朝》等。贺新屋要唱《观门楼》《修造》《贺屋》等。部分演出还有一定的仪式和程序，形成固定的"戏俗"。比如，《闹绣》用于"闹新房"，先在大门外唱《观门楼》，进大门后过中厅时唱《过府》，至堂轩落座时唱《坐场》，用过茶烟稍事休息后再进新房。少则十几出，多则几十出，常通宵达旦，尽兴方休。

清末以来，岳西高腔几度兴衰，新中国成立前夕已处于濒危境地。新中国成立后，县政府组建专业高腔剧团，专门对岳西高腔进行传承和研究。2006年5月20日，岳西高腔经国务院批准列入第一批国家级非物质文化遗产名录。

六、池州傩戏简介

傩戏，又称鬼戏，起源于商周时期的方相氏驱傩活动，汉代以后，逐渐发展成为具有浓厚娱人色彩和戏乐成分的礼仪祀典。大约在宋代前后，傩仪由于受到民间歌舞、戏剧的影响，开始衍变为旨在酬神还愿的傩戏。傩戏是历史、民俗、民间宗教和原始戏剧的综合体，广泛流行于安徽、江西、湖北、湖南、四川、贵州、陕西、河北等省。2006—2014年，傩戏（武安傩戏、池州傩戏、侗族傩戏、沅陵辰州傩戏、德江傩堂戏、万载开口傩、鹤峰傩戏、恩施傩戏、任庄扇鼓傩戏、德安潘公戏、梅山傩戏、荔波布依族傩戏、临武傩戏、庆坛）相继被列入国家级非物质文化遗产代表性项目名录。

池州傩戏，又称贵池傩戏，是安徽贵池古老稀有的传统戏曲剧种之一，主要流行于佛教圣地九华山下的刘街、姚街、梅街、棠溪、桃坡、元四、渚湖、清溪、茅坦、里山一带。它是以宗族为演出单位，以请神敬祖、驱邪纳福为目的，以佩戴面具为表演特征的古老戏曲艺术形式。

据清代贵池人郎遂所编《杏花村志》记载，贵池傩戏源于对昭明太子的祭祀活动。明嘉靖《池州府志》对贵池傩戏活动内容有较明确的记载："凡乡落自（正月）十三至十六夜，同社者轮迎社神于家，或踹竹马，或肖狮像，或滚球灯，妆神像，扮杂戏，震以锣鼓，和以喧号，群饮毕，返社神于庙。"

池州傩戏一般只在每年农历正月初七至十五祭祀时择日演唱。演员和观众都是本宗族成员。各宗族之间在演出日期安排、剧目顺序、演出形式、剧本、唱腔、面具、服饰、道具等方面，均有所不同。这与当地的习俗风尚、自然条件、经济状况有密切关系。

池州傩戏演出为三段体，即傩仪、傩舞—正戏—傩舞、吉祥词。也就是在正戏的前后，必须有"请神"和"送神"仪式，如"迎神下架""送神上架""请阳神""朝庙"等。

池州傩戏演出剧目有两类：一类是以舞蹈为主，以"悦神"为目的的傩舞与吉祥词。傩舞有《舞伞》《打赤鸟》《魁星点斗》《舞古老钱》《舞芭蕉扇》等10余种。吉祥词有《新年斋》《问土地》和《散花》等。另一类是有唱、有白、有故事情节的正戏（又称"本戏"），剧目有《刘文龙赶考》《孟姜女》《张文显》《摇钱记》《陈州放粮》《花关索》和《薛仁贵征东》等。另有《包文拯犁田》《黄太尉》《斩泾》《姜子牙钓鱼》等剧目，但现已失传。

池州傩戏由于各宗族代代沿袭，互不交流，故至今仍保持着古朴、粗犷的原始风貌，被誉为"戏曲活化石"。它对研究中国古代戏曲、民俗文化、社会风尚、宗教演变都有一定的价值。

第二节　安徽传统戏剧类非遗译介概况

据文化和旅游部统计,截至 2021 年 6 月,国务院共批准并公布了五批国家级非物质文化遗产代表性项目名录,国家级非遗代表性项目共有 1557 项,包括民间文学类 167 项,传统音乐类 189 项,传统舞蹈类 144 项,传统戏剧类 171 项,曲艺类 145 项,民俗类 183 项,传统体育、游艺与杂技类 109 项,传统美术类 139 项,传统技艺类 287 项,传统医药类 23 项,如表 4.1 所示:

表 4.1　国家级非遗项目统计表

类别	项目数	占比
民间文学类	167	10.7%
传统音乐类	189	12.1%
传统戏剧类	171	11.0%
曲艺类	145	9.3%
民俗类	183	11.8%
传统技艺类	287	18.4%
传统美术类	139	8.9%
传统体育、游艺与杂技类	109	7.0%
传统医药类	23	1.5%
传统舞蹈类	144	9.3%
总计	1557	100%

从表 4.1 可以看到,传统戏剧类非遗共 171 项,占比为 11%,在十大非遗类别中仅次于传统技艺类、传统音乐类和民俗类,居第四位,并且其占比与传统音乐类的 12.1% 和民俗类的 11.8% 非常接近。而在安徽国家级非遗项目统计表(表 4.2)中,传统戏剧类非遗共 19 项,占比为 23.1%,与传统技艺类并列所有类别中第一位。由此可以看出,在安徽的国家级非遗中,传统戏剧类非遗占据着极其重要的地位,对于安徽传统文化的传承和传播起着极为重要的作用。

表 4.2 安徽国家级非遗项目统计表

类别	项目数	占比
民间文学类	4	4.9%
传统音乐类	9	11.0%
传统戏剧类	19	23.1%
曲艺类	2	2.4%
民俗类	6	7.3%
传统技艺类	19	23.1%
传统美术类	8	9.8%
传统体育、游艺与杂技类	4	4.9%
传统医药类	3	3.7%
传统舞蹈类	8	9.8%
总计	82	100%

但是,作为徽文化重要载体的传统戏剧类非遗译介情况却不容乐观。据赵征军(2013)的统计,在近280多年的中国戏剧对外交流史中,仅有32部戏剧典籍(不包括一戏多译)得到翻译并予以出版,且多以节译、选译和编译的形式为主,翻译的质量也差强人意。从传播的效果而言,由于东方主义、欧洲中心主义以及客观的诗学差异等因素的制约,西方人对中国戏剧典籍的认识存在着诸多曲解或误读。笔者通过检索和实地调研发现,安徽传统戏剧类非遗译介材料的数量,从整体上看可谓凤毛麟角。除了黄梅戏之外,仅有国外学者田仲一成和儒道夫·布朗德尔分别用日、德两国文字介绍了池州傩戏的传承、发展和社会作用(宋婷,2017),至今尚无其他安徽传统戏剧非遗的译介材料问世。基于安徽传统戏剧类非遗的译介情况,本章以黄梅戏和池州傩戏的译介及传播为例进行分析。

一、黄梅戏对外传播的历史及现状

黄梅戏是中国五大戏曲剧种之一,早在2006年,就被国务院批准列入第一批国家级非物质文化遗产名录,素有"中国乡村音乐"的美誉。有着200多年历史的黄梅戏起源于湖北省黄梅县的采茶调,由民间艺人为谋生计而带入安庆。

黄梅采茶调传到安庆之后融入了安庆地区流行的"花鼓戏""彩花戏""罗汉桩""道情""连厢""睦剧"等,特别是"青阳腔""徽调"等多种民间音调和戏曲艺术(张彩云,2013)。黄梅戏的发展承载了人民群众的心理活动、生活愿望及思想观念,世代相传延续至今,并在流传的过程中不断创新发展,从而形成了极具安徽地方特色的艺术形式。在众多戏曲种类中,黄梅戏是目前公认的中国戏曲转型时期最具活力的剧种(曹文龙,2015)。即便如此,黄梅戏在这些年的发展也不容乐观。黄梅戏与其他戏曲剧种一样,也遭遇转型期的发展瓶颈,面临严峻的生存危机(王夔、丁亚琼,2011)。在"互联网+"背景下,如何将黄梅戏通过活态方式进行有效的传承和发扬是亟待解决的问题,具有重大的现实意义。

新中国成立后,黄梅戏的首次对外传播是1953年黄梅戏剧团赴朝鲜参加中国慰问团的慰问演出,在观看了黄梅戏的演出之后,朝鲜军民深受鼓舞。1956年中国代表团参加在法国巴黎举办的国际创作者大会时,由严凤英、王少舫主演的黄梅戏著名选段《天仙配》电影首次在国外放映,开启了新中国成立后中国文化走向欧美的先河。同年,《天仙配》还参加了在捷克斯洛伐克举办的"第九届世界国际电影节",这一极具中国民间特色的戏曲艺术形式引起了欧洲观众的极大兴趣和广泛好评。此外,安徽黄梅戏剧团曾于1963年赴黄山参加陈毅元帅招待驻华使节的文艺汇演,受到了各国使节的赞赏。值得一提的是,我国著名黄梅戏剧作家王兆乾先生曾于1988年赴当时的联邦德国进行以"黄梅戏"为专题的讲学,为黄梅戏的对外传播做出了突出贡献。20世纪八九十年代,作为中国文化对外传播的最重要窗口,中央电视台的春节联欢晚会一直备受全球电视观众的关注,从1984年首次登上第二届春晚开始,黄梅戏在春晚的舞台上几乎从未缺席。

在黄梅戏的外译传播方面,最早的黄梅戏英译剧本是由吴其云翻译的《天仙配》全本,1985年6月,安徽省艺术学校黄梅戏表演专业的师生首次用英语演唱了《天仙配·路遇》选段(王巧英、朱忠焰,2013)。在2008年启动的"国剧海外传播工程"项目中,黄梅戏《女驸马》和《牛郎织女》剧目入选《中国戏曲海外传播工程丛书》,采用以国内戏曲专家为顾问、中国翻译工作者为主要译员、英美专家校稿的模式开展外译工作(曹瑞斓,2014)。其项目成果之一的《天仙配》的英文版已于2012年由安徽文艺出版社正式出版,此书进入了国家汉办海外图书征集目,荣获商务部"国家文化出口重点项目"和新闻出版总署"经典中国国际出版工程"项目(曾冰,2012)。此外,安庆师范大学朱忠焰教授翻译的

《黄梅戏经典唱段(汉英对照本)》于 2016 年由复旦大学出版社出版,该书选取了黄梅戏的 96 首经典唱段进行翻译,是对黄梅戏英译的有益尝试,为黄梅戏的译介研究者提供了很有价值的研究范本。

作为安徽的文化名片,黄梅戏具有本土优秀传统文化的精髓,然而,与京剧和昆曲相比,黄梅戏在译介实践方面却明显不足,与黄梅戏剧种在国内的影响力及国家和安徽大力推动传统文化对外传播的大形势均不相称(章二文、张文明,2017)。主要体现在:首先,对外译介的形式相对比较单一,目前的黄梅戏译介还是以传统的新闻出版为主,通过书籍杂志等传统形式进行对外宣传,或者以学术论文的形式介绍一些选段的翻译方法和技巧,而以网络为媒介的活态译介形式非常欠缺。其次,公开出版的黄梅戏译介作品总体数量太少、覆盖面太小、传播渠道有限,对国外受众深入了解黄梅戏造成了较大困难。鉴于此,研究黄梅戏对外传播的各个方面,对于拓展黄梅戏的活态传承渠道、打造安徽的国际文化形象、传播安徽优秀的传统文化都具有重要的启示意义。

二、池州傩戏研究和传播的历史及现状

池州傩戏有着悠久的历史,早在春秋时期,《论语·乡党》中已有关于乡人傩的记载:"乡人傩,朝服而立于阼阶。"这一记载不仅描述了傩,还表达了人们对傩仪式的敬畏之情。现有最早的对池州傩的描述见于对昭明太子祭祀活动的记载,晚唐诗人罗隐有诗云"秋浦昭明庙,乾坤一白眉。神通高学识,天下神鬼师"。贵池(池州),原是昭明太子的领地,他的地位相当于社神。贵池百姓认为,昭明太子虽然早逝,但他的魂魄却一直保护着领地与臣民。于是人们戴上傩面具,演绎着傩,希望以此与神灵沟通,达成自己的心愿。随后,逐疫去邪、驱鬼敬神的池州傩,开始向敬神娱神、消灾纳福的方向转变,产生了带有古老的农耕文化特色的"春祭"和"秋祭",即"春祈秋报"。再后来,随着时代变迁和文化融合,不同的文化形式开始相互影响、作用,池州傩在原始傩祭、傩舞的基础上,吸收了徽剧和目连戏的养料,逐步形成既有戏剧情节的表演程式,又有角色行当和舞台砌末的池州傩戏(陆勤毅,2015)。

国内学者对池州傩戏的研究最早始于 1953 年 7 月王兆乾先生在《文艺月报》上发表的《谈傩戏》一文,该文对傩、傩祭和傩戏的内涵做出了较为明确的界定和分析,是作者对池州傩戏的具体剧目进行细致研究,又参考了《论语》《后汉

书》等古籍之后形成的研究成果,是池州傩戏领域研究的先驱。后来由于受到"文革"的影响,有关池州傩戏乃至很多传统文化的研究都受到毁灭性破坏。这种状况一直持续到 20 世纪 80 年代中期,《贵池戏曲志》编纂小组编写了《贵池戏曲史料集》一书,该书对贵池傩的历史、表演特点和习俗做了较为全面的介绍,史料性价值很高。吕光群的《贵池傩文化艺术》一书,从历史、民俗、美术、戏剧、音乐等多方面比较完整地考察、记录、整理了贵池傩史料,弥足珍贵,填补了贵池戏曲研究的空白(宋婷,2017)。从 20 世纪 90 年代至今,国内对池州傩戏的研究进入到一个快速发展的阶段,也涌现出不少研究成果,这些学者主要从池州傩戏的文化内涵、美学价值、传承保护等视角进行了研究。例如,何根海的《贵池傩戏——一种源自田野的学术话题》、谈家胜和张邦启的《传统宗族社会与地域文化——以安徽贵池族傩文化的物质载体为视角》、王义彬《别无选择的生存:泛宗教、边缘化——池州傩戏的文化内涵》等学术论文透过表象,从不同角度探悉池州傩的文化内核,揭示池州傩文化内涵,值得认真研读。尤其是何根海和王兆乾合作的论著《在假面的背后——安徽贵池傩文化研究》是国内外第一部对池州傩文化进行系统研究的学术论著。该书从理论层次、学术文化层次审视池州傩的文化底蕴,从历时与共时的层面对池州傩的祭仪、习俗和文化进行解构和剥离,具有较高的学术价值和珍贵的史料价值(宋婷,2017)。

与池州傩戏在国内的研究形成鲜明对比,池州傩戏的对外传播却鲜见,只有国外学者田仲一成和儒道夫·布朗德尔分别用日、德两国文字介绍了池州傩戏的传承、发展和社会作用。虽然在某种意义上,他们的研究促进了池州傩戏的海外译介传播,但并未引起学界的广泛重视(宋婷,2017)。此外,早在 1987 年 2 月,中国艺术研究院戏曲研究所、安徽省艺术研究所、安庆文化部门、贵池县等单位联合在池州召开"全国首届傩戏学术研讨会"。在 2000 年 8 月,应新加坡牛车水人民剧场的邀请,池州傩戏首次走出国门,一展风采。随后,又相继赴韩国、匈牙利、德国等国家以及中国香港等地区演出(张俊祥,2020)。

第三节 戏剧译介及安徽戏剧类非遗译介关注的问题

一、戏剧译介关注的重点问题

戏剧是一种特殊的文学形式,戏剧翻译一直以来被视为严肃文学的一个分支(Newmark,2003)。戏剧翻译除了要涉及书面文本由源语向目的语转换的语际翻译外,还要考虑语言之外的所有其他因素(孟伟根,2009)。戏剧类非遗属于戏剧的范畴,戏剧翻译所面临的问题,在安徽戏剧类非遗译介中也同样存在,因此,在本章中,我们在探讨安徽戏剧类非遗译介的共性问题之前,有必要先讨论一下戏剧译介的问题。

1. 戏剧译介:是文学读本还是演出文本

作为一种特殊的文体形式,戏剧的语言既具有文学语言的共性,又有戏剧艺术的特性。戏剧的这种双重性决定了戏剧翻译的复杂性。

澳大利亚戏剧翻译家 Zuber-Skerritt 把戏剧文本和演出文本置于同等的地位。她认为,戏剧翻译可定义为把戏剧文本从一种语言和文化译成另一种语言和文化,并将翻译或改编后的文本搬上舞台(Zuber-Skerritt,1988)。她也指出,剧本创作是为舞台演出服务的,因此戏剧翻译的服务对象也应是剧院观众。戏剧翻译既要关注作为舞台演出基础的文本,又要注重戏剧的表演(Zuber-Skerritt,1988)。

西班牙戏剧翻译家 Eva Espasa 则指出,我们并不否认主要服务于书面文本的翻译存在。对于戏剧翻译的这两种观点产生了两种不同类型的翻译:一种更接近于书面文本,另一种更适合于剧团表演。但是,如果书面文本与舞台文本所表现的是不同的但有时又是相融的传播渠道,而不是两种艺术和思想的行为,那么这样的争论是毫无意义的。此外,对于只用于阅读的剧本,其翻译的理论问题,可以在其他以阅读为目的的文学形式的框架内便利地解决,无须作为戏剧翻译的特殊形式加以处理(Espasa,2000)。与此相反,芬兰戏剧翻译研究者 Sirkku Aaltonen 却认为,戏剧文本和演出文本并非相同的概念,两者在不同的系统中起着各自的作用,并受不同系统的规范的制约。她提出,尽管剧本和演出是两个互有联系的概念,但它们必须分别对待,因为它们并不是指相同的现象。由此,她认为,戏剧文本不是演出文本的同义词,因为不是所有的戏剧翻译文本都是用于舞台演出的,有些可能只作为印刷文本而存在于文学系统中(Aaltonen,2000)。

孟伟根(2009)认为,戏剧文本的创作或翻译本身就具有两种功能:一是供读者阅读,二是供舞台演出。任何想把戏剧文本硬性分割成阅读文本和表演文本的观点都是不切合实际的。正如希腊戏剧翻译家 Ekaterini Nikolare 所说,事实上在戏剧翻译中,以表演为目的的翻译与以阅读为目的的翻译之间没有明确的界线,而只存在着边界的模糊(blurring of borderlines)。这种理论概念的模糊主要归咎于两个原因:首先,语间交际总要依赖各种复杂的过程,这些过程不仅影响戏剧翻译文本的创作,而且影响译文文本的传播和目的语观众的接受程度。其次,不管两者的差别有多大,它们似乎都显露出翻译研究中规定性研究的弱点(Nikolare,1999)。

2. 戏剧翻译目的:可演性和可念性

戏剧翻译理论家对戏剧所具有的有别于其他文学形式,并对戏剧翻译产生影响的一些特点极为关注。这些特点中最主要的是可演性(performability)和可念性(speakability)。这两个特点代表了戏剧文本的动作性和口语性,一直以来是戏剧翻译研究者们争论的对象。Susan Bassnett 是一位一直关注该问题的翻译理论家。在谈到可演性的问题时,她认为:"可演性这个术语经常被用来描述戏剧书面文本中不明确的,但被认为是实际存在的隐性动作性文本(gestic text)……试图解释文本中固有的可演性的定义,只不过是概括性地讨论一下在目的语文本中需要使用流畅的话语节奏。它在实践中的意义就是要求翻译者在特定的情况下,判断哪些成分构成了表演者的可念性文本。但没有充分的理论依据可以证明可演性可能或者确实存在。""即使可以确定一套标准来决定戏剧文本的可演性,那么这些标准也会因文化、时代和文本类型的不同而不断地变化"(Bassnett,1991)。Bassnett 在其发表的许多文章中极力反对可演性的观点,批驳了任何以表演为目的的戏剧翻译理论(Bassnett,1991)。为了强调自己的立场,她说:"如果我们真的接受了这样的观点,那么翻译过程中,译者的任务就是坐在书桌旁,一边想象着表演,一边解码着动作性语言。而这种情形是毫无意义的。"(Bassnett,1991)由此她得出结论:"可演性这个术语是不值得信赖的,因为它与任何形式的定义都是相违背的。"(Bassnett,1998)

Bassnett 对可演性问题的明确立场,促使其他翻译理论家对可演性和可念性观点进行了深入的思考。美国密歇根大学教授 Enoch Brater 在《文本中的戏剧》(*The Drama in the Text*)一书中认为,戏剧中的大多数材料用口头表达或用耳聆听时,常常要比简单的阅读和无声的理解更具有意义。因此,剧本写成时,本身就包含了可演性和可念性的特征。戏剧翻译者应努力在译文中再现和保留这些特征,即使由于种种合理或不合理的原因,这样的特征最后被介入到戏剧交际链中的其他人做了各种不同的处理(Brater,1994)。Eva Espasa 从文本、戏剧和思想等方面对以上问题做了研究与分析。她认为,从文本的角度看,可演性常常等同于可念性,也就是指要译出表演者能毫不费力地表达的流畅的文本,可演性是受文本和表演行为决定的(Espasa,2000)。

孟伟根(2009)认为,"可演性"和"可念性"是戏剧翻译者必须考虑的主要因素,它们是区分戏剧翻译与其他形式翻译的决定因素,因为戏剧的生命在于它是为舞台而作,戏剧翻译的最终目的是舞台表演。如台词与动作的协调、话语的节奏、译文的口语化等都是戏剧翻译"可演性"和"可念性"的制约因素。一方面,译文的语言必须与演员的动作相协调;另一方面,话语的节奏要符合情感、动作和剧情发展等诸多因素,要适合演员的表演。

3. 戏剧文化转换:异化还是归化

戏剧翻译者和学者十分关注戏剧翻译文本在接受语文化中的命运,即它们与目的语文化的亲近和融合。戏剧翻译与其他类型文本的翻译一样都要面临语言和文化的问题,但是在面临与文化有关的问题时,戏剧翻译比其他类型文本的翻译要受到更多的限制。这是因为戏剧文化因素的传播与翻译需要考虑舞台表演的瞬时性和大众性。因此,"在戏剧翻译中,文化移植是普遍被接受的翻译方法"(Marco,2002)。

英国学者 Terry Hale 和 Carole-Anne Upton 认为,当代的戏剧翻译中归化占了主导地位。他们认为,尽管所有的文学翻译者都要面临归化和异化这两难的困境,但文化移植比其他的翻译模式更适合于戏剧翻译(Hale & Upton,

2000)。Sirkku Aaltonen 也指出,在源语与目的语两极的辩证关系中,后者享有主权地位。"在翻译中,外来戏剧植根于新的环境,接受语的戏剧系统为其设置了限制。戏剧剧本在某种程度上必须传达思想,被人所理解,即使它背离了现有的标准和常规"(Aaltonen,1993)。她还指出,归化能使异国的文化变得更易处理、更为亲切,能使观众更能理解舞台上发生的一切,还能消除异国文化的威胁(Aaltonen,1993)。Aaltonen 使用"跨文化戏剧"(intercultural theatre)来指称戏剧文化之间可以实现的转换(Aaltonen,2000)。她甚至认为,戏剧可以部分翻译或进行改变,也可只使用源语文本的一些思想或话题。源语文本可以变换,甚至颠覆,以适应目的语文化(Aaltonen,2000)。

与以上的观点相反,德国功能派翻译理论家 Christiane Nord 却认为,对于直译的翻译方式,应该与那些通过改译部分或全部文本内容来适应目的语文化标准的翻译方式一样,加以认真考虑(Nord,1994)。她指出,有时翻译的目的主要是创作"源语文化交际的目的语文本",而不是"目的语文化的交际文本"(Nord,1991)。

Susan Bassnett 也主张归化与异化之间的平衡。虽然如 Aaltonen 一样,她承认戏剧翻译中总会出现一定程度的文化移植,但她赞同多文化戏剧翻译,这样可避免完全归化或使用异化而产生的令人不解的语言。"翻译者的作用是在两种文化之间占领阈限的空间,促使戏剧传统之间的某种接触"(Bassnett,1998)。Bassnett 认为,戏剧翻译应根据源语文本在源语文化中所起到的作用,力求使译语文本在译语文化里实现与源语文本文化功能的等值(Bassnett,1990)。

孟伟根(2009)认为,一个剧本的文化背景对于使用归化还是异化的翻译方法是至关重要的。首先,戏剧文本的文化特性和交际目的在很大程度上决定着整个翻译的策略。在戏剧翻译中,当需要对原文实现最佳相似时,异化是理想的翻译方式。"当使用这种翻译方法时,被翻译的原著往往会受到景仰和尊重"(Aaltonen,2000)。如出于对原剧的尊重,观众往往喜欢观看忠实于原作的戏剧表演,这影响了对古希腊悲剧或莎士比亚作品的翻译。然而,异化在戏剧翻译中的应用是非常有限的。由于戏剧翻译的特殊性和各民族文化的差异,翻译者在翻译实践中需要一定的灵活性和创造性。演员和观众交际的同步性要求译者对原作进行一些文化改译,以便于目的语观众理解。即便这样的改译偏离了最佳相似的原则,它们对促进交际是必不可少的。其次,源语文本的文化背景可被传达的程度也是戏剧翻译者需要考虑的一个重要依据。倘若源语文化可以被顺利地、毫无理解困难地传达给译语观众,那么译者完全可以考虑保留源语文化元素,即采用异化的翻译方法。但是,需要指出的是,不同文化之间的风俗习惯、生活态度往往有着显著的差异。当戏剧作品中涉及地域文化色彩浓重的风俗习惯或概念时,译者必须做出一些调整或是补偿,对源语文化背景做一些归化的处理,使身处译语文化背景的观众在欣赏译语戏剧时,能够获得和身处源语文化背景的观众同样的感受。

以上对戏剧翻译研究中的热点问题的探讨全部引自孟伟根于2009年发表于《外语教学》上的《论戏剧翻译研究中的主要问题》一文,这三个热点问题的实质是讨论戏剧翻译的目的性、功能性和策略性。孟伟根通过细致梳理国外戏剧翻译理论家对于这三个问题的观点,阐释了其对戏剧翻译的全方位思考,这对研究戏剧翻译大有裨益,也为后续的研究提供了可供参考的重要理据。然而,戏剧类非遗虽属于戏剧的范畴,但戏剧类非遗译介却不等同于戏剧翻译。首先,从目的性来说,戏剧类非遗译介的目的并非为了舞台演出。戏剧类非遗译介的直接目的是为了让国外受众了解这一戏剧形式非遗的存在,进而才有可能去了解具体的非遗内容。其次,从功能性上来说,"可演性"和"可念性"并非戏剧类非遗译介必须要实现的功能,通过戏剧类非遗译介,国外受众能够较好地理解相应的非遗,这种"可理解性"才是戏剧类非遗译介最重要的功能。此外,从翻译策略来说,翻译策略的使用或调整是服务于译介目的性和功能性的,如果源语文化能够比较顺利地传递给译语受众,那通常可以采用异化的翻译策略。但是,如果源语文化无法顺畅地传递给译语受众,就有必要采用归化的翻译策略。但是无论采取哪种翻译策略,笔者都认为要实现"观众在欣赏译语戏剧时,能够获得和身处源语文化背景的观众同样的感受"是不现实的。

二、安徽戏剧类非遗译介的瓶颈

通过前文的统计,我们发现,虽然传统戏剧类非遗在安徽国家级非遗中占有极其重要的地位,并对安徽传统文化的继承和传播起着重要的作用,但安徽戏剧类非遗译介的整体情况却不尽如人意。究其原因,安徽戏剧类非遗译介主要受到以下因素的影响:

1. 文化负迁移

文化负迁移是指因文化差异而导致的文化干扰现象,一般表现为在跨文化交际过程中,交际双方会潜意识地使用本族的文化内涵和价值取向来定义并理解他族的文化和价值观念,因此造成跨文化交际的障碍和误解(苏涛、黄焰结,2019)。

由于中西方文化背景的差异,在戏剧类非遗对外传播的过程中,文化负迁移的现象时常会出现在戏剧类非遗的唱词翻译中,从而造成西方受众对于相应文化内涵理解的偏差。例如,黄梅戏的经典唱段《女驸马》中,冯素珍为了表明自己对李兆廷的一片真心,唱道:"清风明月做见证,分开一对玉麒麟。这只麒麟交与你,这只麒麟留在身。麒麟成双人成对,三心二意天地不容!"这段唱词中反复出现了"麒麟",麒麟是中国传统瑞兽,古人认为,麒麟出没处,必有祥瑞。在中国传统民俗中,麒麟被制成各种饰物和摆件用于佩戴和安置于家中,有祈福和安佑的用意。《礼记·礼运第九》载:"麟、凤、龟、龙,谓之四灵。"可见麒麟地位与龙等同。而且古人把雄性称麒,雌性称麟,所以才有了唱词中的"麒麟成双"。但是如果英文直译为"a pair of jade Chinese unicorn"从字面意义上看,意义一一对应,但 unicorn 是指西方神话的独角兽,其形如白马,额前有一个螺旋角。当西方受众看到这个译文时,很容易会产生文化负迁移,造成对唱词中文化意义理解的偏差。因此,在翻译麒麟时,采用音译词"kylin",然后加注释的形式会较为妥当。

又如池州傩戏著名的剧目《刘文龙赶考》,主要歌颂了刘文龙和其妻萧氏忠贞不渝的爱情,表达了从一而终的思想,同时,在剧中也颂扬了"孝顺"的中华民族美德。"孝"已成为萧氏贤惠淑德的重要标签,全剧多处描写了萧氏的"孝"。如第十六出:"云头观见,世间为恶者多,为善者少。女人行孝天下最难。今有定州南阳县刘文龙之妻萧氏真心行孝,今日午时割股救公,孝感天地……善财童子即启行,只因孝感动天心。特求拐李施丹药,救度凡间行孝人。"几句中,多次出现"孝"的表达,按照剧中的含义"孝"指的是孝顺、孝敬、孝心,是中华传统文化中"孝"的基本内涵。在中华文明史中,孝文化以其强劲的活力历久弥坚、世代传承,子女对父母尽孝道,是一种基本道德,是社会道德的基础,"孝"被炎黄子孙视为天经地义的事情。中国最早的一部解释词义的著作《尔雅》中就记载有对"孝"的定义:"善事父母为孝。"东汉许慎在《说文解字》中也有对"孝"的解释:"善事父母者,从老省、从子,子承老也。"许慎认为,"孝"字是由"老"字省去右下角的形体,和"子"字组合而成的一个会意字。从这里我们可以看出,"孝"的古文字形与"善事父母"之义是吻合的,因而孝就是子女对父母慈爱的一种回报。因此,对于国内受众来说,对剧中的孝的理解不会存在偏差。

对于国外受众来说,也有"孝顺"的概念,很多文学作品中就有关于"孝"的内容。如莎士比亚著名悲剧《李尔王》,就谴责了李尔王的大女儿高纳里尔和二女儿里根口是心非,以甜言蜜语取得了父亲的赏赐后,又虐待父亲,歌颂了三女儿考狄娅对父亲的孝顺。狄更斯的名著《双城记》,写了女儿的孝道、爱心,使精神失常的父亲恢复了常态。同时西方也有不少的文学作品,对子女不孝进行了谴责。法国20世纪中期表现主义作家加缪的《局外人》,写小职员莫尔索得知母亲死在养老院,他去奔丧时见到母亲遗体无动于衷,对母亲死亡没有一点悲伤,甚至对养老院里的老人流泪感到奇怪,完全像个局外人,作家谴责莫尔索的人性被扭曲(邱梦茜,2014)。但是,中西方对孝的理解,是有本质区别的。比如中国的孝讲"无违",无论是无违于父母的意志,还是无违于事生、事死、事祭之礼,这些西方似乎都是没有的。西方亲子之间是讲平等的,不要求孩子绝对服从父母的意志,而且鼓励孩子要有独立见解,不人云亦云,要自我选择、自我发展。西方人在亲子之间强调的是亲与爱而非敬与顺(邱梦茜,2014)。翻译"孝"或"孝顺"时,如果只考虑字面意义,可能会直接翻译为"filial piety"。笔者将这个译本拿给三位在中国教学多年的英美外教看(两位英国外教和一位美国外教),他们均表示来到中国之后才见过如此表达,认为"filial piety"属于典型的"Chinese English (Chinglish) or Chinese cultural idea",在他们看来,"filial piety"主要意味着"an obligation"或"a burden"。而根据他们理解的本族文化传统,"孝"更应该理解为"respect your elders"或"a choice"。显然,他们的这种理解和邱梦茜所做的阐释是相符合的。所以,当我们要翻译"孝"或"孝顺"时,可以先译为"filial piety",然后添加注释"it is regarded as a virtue in China"。

2. 文化逆差

2001年是"中国文化走出去"的元年,历经20多年,中国已发展成为全球贸易第一输出国和仅次于美国的第二大经济体,但文化贸易逆差依旧惊人。据薛美芳(2018)所做的统计,过去的20年我国的图书类、电视电影类文化产品向国外进口金额巨大,而我国文化产品的出口额仅占进口额的1/5左右,存在极大的文化贸易逆差。针对这种文化交流的不对称,王宁教授曾指出:"当下翻译的重点无疑是要把中国优秀的文学作品翻译成世界主要语言——英语,只有这样才能抗衡全球化所造成的语言霸权主义。"(王宁,2010)

中国文化整体呈现出的入超远大于出超的状态,在安徽戏剧类非遗的对外传播上也有着充分体现。例如,从新中国成立以来,无论是黄梅戏的外译图书文本,还是黄梅戏的译介电影电视,包括黄梅戏的各类涉外演出,从数量上看屈指可数,与西方输入到中国的文化产品(包括戏剧)数量形成巨大反差。究其原因,在于人们以功利的商业利益为直接导向,而忽略了黄梅戏内在的文化价值。中国文化走出去的目标在于文化价值的输出,而绝非眼前的经济利益。在传播媒介异常丰富的互联网时代,应深耕戏剧类非遗的文化内涵,挖掘戏剧类非遗中蕴含的优秀传统文化,与时俱进地融入当今时代的特色,着力提升戏剧类非遗各类文化产品(如图书、电影、电视、演艺等)的品质,借助互联网媒介的传播优势,切实推动安徽戏剧类非遗的对外传播。

3. 国外受众

戏剧类非遗译介的根本目的是将戏剧类非遗独特的文化内涵传播给国外受众,从这个意义上讲,对戏剧类非遗译介受众的研究也是非遗对外传播研究的一个重要方面。由于国外受众所在国家的历史传统、文化习俗、思维方式等都与我们国家存在一定差异,期望他们从一开始接触到戏剧类非遗就能立即理解和接受并不现实。中国外文局原副局长黄友义曾在2004年提出了"外宣三贴近"原则,其中包括:贴近中国发展的实际、贴近国外受众对中国信息的需要、贴近国外受众的思维习惯。"三贴近"原则点明了国外受众在对外传播中的重要性。同样,为了实现戏剧类非遗对外传播的目标,也要贴近国外受众,可以根据戏剧类非遗的艺术特色,运用互联网媒介适当地设计一些国外受众可以参与体验的环节。国外受众有了真实的参与体验,必将加深其对戏剧类非遗表演形式和文化内涵的理解,从而逐渐形成对戏剧类非遗的文化认同感。这样一来,国外受众会慢慢对戏剧类非遗所表达的文化内涵产生共鸣,最终能够接受并喜爱中国这些传统戏曲。具体来说,首先可以通过互联网媒介(如手机或者其他播放器)向国外受众播放一段戏剧类非遗表演的视频唱段,并配以英文的介绍说明。通过这样的展示,国外受众会对相应戏剧丰富的文化内涵、灵活多变的节奏、常用的曲牌、不同的唱腔形成一个非常直观的印象。如果国外受众想进一步体验这一戏剧艺术,可以根据具体的选段,让国外受众穿上相应的戏服,现场指导国外受众演唱几句。整个参与表演的过程可以录制成小视频,在视频中增加相应的英文介绍推送给国外受众作为留念,以此拉近戏剧类非遗与国外受众的距离。当然,国外受众的文化认同感培养是一个循序渐进的过程,不能急于求成。但文化认同感的培养方式,却应该更加丰富、更加具有时代性。例如,早在20世纪50年代,黄梅戏就曾以电影的形式对外译介,反而在电影市场日益繁荣的今天因为各种原因,很难见到由黄梅戏改编的电影文化产品,这一现象值得深思。因为黄梅戏承载的是优秀的传统文化,是全世界人民共同的精神财富,具备广泛传播的基础,所以黄梅戏的对外传播完全可以借鉴一些成功电影的海外推广模式,如《花木兰》在海外推广的模式。也可以将部分脍炙人口的选段改编为英文卡通读物进行海外推广,从小就开始培养国外受众的文化认同感,在国外受众中广泛地播撒中国文化的种子,待到这些种子开花结果之时,便会达到中国文化较好地对外传播的目的(苏涛、黄焰结,2019)。

4. 其他影响因素

影响戏剧类非遗译介的因素除了文化负迁移、文化逆差、国外受众之外,还包括译者主体、传播形式等因素。与科技类作品的译者不同,戏剧类非遗的译者不仅应具备扎实的双语功底,还应具备丰富的文化类作品翻译经验以及对戏剧剧本的解读能力。这是因为,戏剧类非遗是一种区别于普通文学作品并经艺人表演加工而成的剧种,意义的传达集合了音乐、唱词、对白、表演风格等多模态的形式,要做到准确翻译,首先必须能够准确地解读剧本内涵。黄梅戏的翻译先驱吴其云先生曾谈道:"译成戏曲唱腔除了有一般翻译的要求外,还要推敲音韵、字音、音节甚至剧种的演唱与表演的风格。"(吴其云,1987)另外,丰富的翻译经验有助于译者在翻译戏剧类非遗时做到大意蕴统一。如朱小美教授将《天仙配》中唱词"啊……云浪翻滚雾沉沉,天规森严冷冰冰。凡人都说神仙好,神仙岁月太凄清。"译为"Ah... Rolling clouds look foggy and heavy. With rules strict and harsh in Heaven, Fairies, although admired by mortals, Actually live lives dull and dreary."(朱小美,2016)这个译本无论是在词汇的选择、句式的对应方面,还是在贴近国外受众的表达习惯方面,都几乎达到了意蕴忠实、形式对应,足见翻译功力之深。

就传播形式来说,戏剧类非遗现有的对外传播载体相对老套,如纸质出版物、舞台演出和极少的电影电视等传统媒介,这些媒介不足以满足互联网时代国内外受众对于戏剧类非遗的欣赏需求,很大程度上阻碍了戏剧类非遗的广泛传播。基于互联网时代海量的传播形式,戏剧类非遗的对外传播媒介应推陈出新,如开发手机端的戏剧类非遗应用软件并推出英文版,其一旦推出,这种手机端的应用软件就会比传统媒介更快地被推送到国外受众面前,而无需受地域、时间等因素的影响。还可以拍摄录制大量的 vlog 作品上传到国外主流的视频网站,一方面有利于国外受众更便捷地接触到戏剧类非遗;另一方面,可以将部分优秀的 vlog 作品提交到 UNESCO 或其他国际文化保护组织的竞赛单元,有利于安徽戏剧类非遗在世界范围内的活态传承。

第四节 "互联网+"背景下安徽戏剧类非遗译介的策略

一、戏剧类非遗的译介应求同存异

"求同"是指戏剧类非遗的译介形式和内容应尽可能符合国外受众的思维和对信息了解的需求。"存异"是指戏剧类非遗的译介应尊重源语文化,保留不同戏剧的自身特色。安徽省第八次党代会明确提出安徽要实现由文化大省向文化强省的跨越,安徽省政府也陆续出台了《关于加快建设文化强省的若干意见》等文件,安徽已充分认识到文化强省的重要性,要求着重发展文化产业,通过大力推进文化发展的方式来提高安徽的国际影响力。要实现文化强省的目标,就要努力保留和传承优秀的传统文化,并适时地进行创新,使其更具时代特征。戏剧类非遗的最大特点就是源于生活,剧目内容反映的大多是劳动人民对阶级压迫的不满和对美好生活的向往,这也正是戏剧类非遗被广为传唱的关键所在。如果戏剧类非遗所承载的文化脱离了生活,其文化魅力就会大大下降,也就无法有效地吸引受众。正因为如此,戏剧类非遗也面临着当今经济社会转型带来的挑战。一方面,戏剧类非遗是中国近代农业社会的产物,很多经典剧目反映的是那个时代人民的文化生活。但中国早已经步入新经济时代,传统剧目反映的很多生活内容与现代生活大相径庭,连中国的年轻人都很难理解,何况外国的受众。所以,戏剧类非遗的内容创作必须与时俱进,以戏剧特有的表演形式来表现当代生活,这样才能赢得受众。另一方面,戏剧类非遗的对外传播要特别关注戏剧类非遗与西方戏曲之间的异同,努力构建戏剧类非遗与西方文化主题之间联系的桥梁。例如,黄梅戏有独特的唱腔,有真实生动的表演风格,但在剧情的起伏、冲突的渲染方面不及西方戏曲,可以探索将西方的文化题材融入到黄梅戏的表演之中,使黄梅戏剧目的内容更贴近国外受众,达到中西戏曲艺术形式融合创新的效果。又如,池州傩戏是一种仪式性戏剧,"仪式"也赋予了池州傩戏极强的神圣性,使民众在内心深处对傩戏充满虔诚,并对这种神秘的力量深信不疑,他们认为在这一年一次的人与超自然的沟通过程中,神会显灵,满足人们在现实生活中无法取得的诉求。在举行仪式的过程中,人类增加了对外界的控制感,相信自己有能力应付超自然力量并保护自己(陈雨婷,2018)。池州傩戏的这种仪式性,以及人们在内心深处对这种神秘力量的寄托,像极了西方人虔诚的礼拜仪式,所以可以尝试将池州傩戏的片段录成视频影像资料,增强国外受众对池州傩戏的直观感受,促进国外受众对这种戏剧形式的理解。

二、安徽戏剧类非遗的对外传播要与文化旅游相结合

随着旅游产业发展的日渐成熟,当今的游客早已不再满足于走马观花拍照式的旅游方式,他们更注重深度的文化体验,文化旅游的概念已深入人心。2018年国家文化部和国家旅游局合并组成新的文化和旅游部,直接体现了在中国文化走出去的战略背景下,国家对于文化旅游的重视。根据中商产业研究院发布的统计数据,2018年全年安徽接待外国游客的数量达到354万人次,同比增长10.4%,实现旅游外汇收入31.9亿美元。这为戏剧类非遗的对外传播创造了良好的契机,使众多的国外游客有机会走近戏剧类非遗,体验安徽戏剧类非遗文化。文化旅游是安徽文化走出去的最有效途径之一,也是让国外受众走近安徽戏剧类非遗的最直接的方式。在推动安徽戏剧类非遗对外传播与文化旅游相结合的同时,我们应特别注意使用互联网手段打造传播媒介,互联网既要成为推介戏剧类非遗的主要手段,也要成为辅助国外受众体验戏剧文化的重要途径。例如,可以通过专门的旅游门户网站推介戏剧类非遗,吸引国外受

众来体验。在体验的过程中,可以通过戏剧类非遗手机应用客户端加深国外受众对戏剧类非遗的了解。而在体验之后,还可以通过手机应用将戏剧类非遗的体验过程录成视频推送给国外游客,增加戏剧类非遗对国外受众的黏性。值得一提的是,作为黄梅戏之乡之一的安徽安庆市,已连续举办了九届中国黄梅戏旅游节,未来应该继续挖掘黄梅戏与文化旅游的契合点,进一步增强黄梅戏在国内外的影响力。

三、戏剧类非遗的对外传播要加强翻译人才的培养

翻译人才的培养是一个系统工程,与教师、学生和教材都紧密相关,缺一不可。首先,在教师层面,教师应具备一定的翻译经验和较强的学习能力。翻译经验可以有效地辅助翻译教学,翻译经验丰富的教师在教学过程中能更自如地指导学生应付各类翻译问题。同时,教师在实施教学的过程中还应不断加强自身的学习,特别是对翻译工具的学习。互联网时代的翻译工具更新速度极快,教师只有自己持续学习并保持关注,才能更好地指导学生。其次,在学生层面,学生应扩展翻译实践的广度并积累足够的翻译经验。如前文所述,戏剧类非遗的译介属于文化翻译的范畴,文化翻译兼容并包,内容广泛,不仅需要准确,还要意蕴一致。这就需要学生勇于尝试不同类别的翻译,并总结不同类别翻译的特点。最后,在教材层面,翻译教材的选材一定要广泛,并能体现理论和实践的结合。在教学过程中,翻译教材的选择不应拘泥于教材本身,应大量扩充,各类文本、视频、音频、网络资讯都应成为最生动的"教材"。通过这种方式,学生的翻译能力才会得到有效提升。

第五节 本章小结

在"互联网+"背景下,安徽戏剧类非遗的译介机遇与挑战并存,我们应正视安徽戏剧类非遗所遇到的困境,在深入理解中西文化差异的基础上,求同存异,推进安徽戏剧类非遗的译介与文化旅游的结合,保持理性的文化传播心态,并着力培养高素质的翻译人才,充分利用互联网打造各种有效的传播媒介,进

一步促进安徽优秀传统文化的活态传承。

本章参考文献

[1] SIRKKU A. Time-sharing on stage: drama translation in theatre and society[M]. Clevedon: Multilingual Matters, 2000.

[2] SUSAN B. Still trapped in the labyrinth: further reflections on translation and theatre [M]// BASSNETT, LEFEVERE. Constructing cultures: essays on literary translation. Clevedon: Multilingual Matters Ltd., 1998.

[3] SUSAN B. Translating for the theatre: the case against performability[J]. TTRIV, 1991(1).

[4] ENOCH B. The drama in the text [M]. Oxford: Oxford University Press, 1994.

[5] EVAU. Performability in translation: speakability? playability? or just saleability? [M]// CAROLE-ANNE U. Moving target: drama translation and cultural relocation. Manchester: St. Jerome, 2000.

[6] TERRY H, CAROLE-ANNE U. Introduction[M]// CAROLE-ANNE U. Moving target: drama translation and cultural re-iocation. Manchester: St. Jerome, 2000.

[7] JOSEP M. Teaching drama translation [J]. Perspective: Studies in Translatology, 2002(1).

[8] PETER N. A textbook of translation [M]. London: Longman, 2003.

[9] ORTRUN Z S. Towards a typology of literary translation: drama translation science [J]. Meta, 1988, 33(4).

[10] 曹瑞斓. 黄梅戏外译研究[J]. 安徽工业大学学报,2014(11):81-82.

[11] 曹文龙. 黄梅戏发展现状及对策研究[J]. 艺术百家,2015(12):303-311.

[12] 陈雨婷. 池州傩戏的戏剧治疗功能探究:以《刘文龙》为例[J]. 合肥工业大学学报(社会科学版),2018(4):90-94.

[13] 江小角,张媛媛. 安徽非物质文化遗产[M]. 合肥:安徽文艺出版社,2015.

[14] 李慧伶,周洪波. "非遗"视角下安徽地方戏剧的文化传承与创新策略:以庐剧为例[J]. 戏剧之家,2020(33):43-44.

[15] 刘兴禄. 20 世纪以来中国傩文化研究述评[J]. 吉首大学学报(社会科学版),2013(5):23-29.

[16] 孟伟根. 戏剧翻译研究述评[J]. 外国语,2008 (11):46-52.

[16] 孟伟根.论戏剧翻译研究中的主要问题[J].外语教学,2009(5):95-99.

[17] 邱梦茜.浅析中西方孝文化的区别及原因[J].读与写杂志,2014(9):62-63.

[18] 宋婷.非遗文化译介传播新探索:以池州傩为例[J].景德镇学院学报,2017(4):13-18.

[19] 苏涛,黄焰结.中国故事,国际表达:安徽非物质文化遗产外宣译介研究[J].蚌埠学院学报,2019(3):51-54.

[20] 谈家胜.近20年来安徽贵池傩戏研究综述[J].池州学院学报,2007(12):69-74.

[21] 汪榕培,王宏.中国典籍英译[M].上海:上海外语教育出版社,2009.

[22] 王夔,丁亚琼.黄梅戏民间班社发展现状调查分析及对策[J].民族艺术研究,2011(4):29-35.

[23] 王巧英,朱忠焰.黄梅戏经典唱段英译难点及其翻译方法与技巧[J].安庆师范学院学报,2013(12):94-96.

[24] 王宁."世界文学":从乌托邦想象到审美现实[J].探索与争鸣,2010(7):39.

[25] 吴其云.架起通向世界的桥梁:英语黄梅戏《天仙配·路遇》翻译札记[J].黄梅戏艺术,1987(1):97-99.

[26] 薛美芳.中国文化软实力的"灵"与"体":基于文化贸易视角[J].改革与开放,2018(16):17-19.

[27] 曾冰.安徽文艺出版社"国剧英译"系列进入海外大学课堂[EB/OL].(2012-11-14).http://www.bookdao.com/article/53415/.

[28] 章二文,张文明.黄梅戏英译及对外传播策略研究[J].安徽工程大学学报,2017(12):80-82.

[29] 张彩云.黄梅戏的起源与发展:从黄梅戏发展的历史说起[J].戏剧文学,2013(12):114-117.

[30] 张俊祥.重构、构建、创新:池州傩戏传承发展策略探析:基于费孝通"文化自觉"视角的考察[J].四川省干部函授学院学报,2020(1):40-45.

[31] 张俊祥.变革与坚守:新媒体时代池州傩戏的生存发展研究[J].红河学院学报,2021(5):95-97.

[32] 赵征军.中国戏剧典籍译介研究:以《牡丹亭》的英译与传播为中心[D].上海:上海外国语大学,2013.

[33] 朱小美.黄梅戏《天仙配》英译有感[J].语文学刊,2016(9):80-82.

[34] 朱忠焰.黄梅经典唱段:汉英对照本[M].上海:复旦大学出版社,2016.

第五章 安徽传统手工技艺类非遗译介研究

传统手工技艺类非遗在所有的国家级非遗项目中数量最多,共287项,占18.4%。安徽的传统手工技艺类非遗在安徽省国家级非遗项目中,更是占23.1%。传统手工技艺类非遗之所以数量众多,是因为手工技艺与人们的衣食住行用等日常生活和社会生产密切相关,既具有现实的使用价值、经济价值,又具有很高的审美价值和人文价值、历史价值。与其他类别的非遗有所不同,传统手工技艺类非遗在宣传和传播方面,形式比较丰富多样。安徽各地市都会有意识地依托文化博览会、传统文化遗产日、艺术节、民俗文化旅游节、传统节庆、传统手工艺比赛等平台,进行传播和译介。通过调研,我们发现安徽传统手工艺类非遗宣传的模式主要有两类:一类是传统手工技艺类非遗进校园、进社区、进景区活动,主动接近固定的目标群体;另一类是各类团体通过走进非遗中心或大师工作室等传统基地体验传统技艺,了解非遗、品味文化。在与大众传媒结合方面,除了利用传统的电视、电影、报纸等方式进行宣传外,更依托新媒体,传播方式愈加多样,如微信公众号、抖音、微博等。在译介手段上也不断突破,勇于创新,如2016年浙江杭州举办的二十国集团(G20)领导人第十一次峰会,徽州砖雕被用于装饰G20峰会会场外围墙面,同时,在杭州及周边城市举办了各式非遗展览,传统技艺类非遗曝光率高,取得了很好的社会效果(宋俊华,2017)。但是,我们也要注意安徽手工技艺类非遗译介中存在的问题,无论是译者自身还是译介策略仍需进行提高与改善。

第一节　安徽传统手工技艺类代表性非遗概述

传统手工技艺指历史上传承下来的手工业技术与工艺。中国是传统手工技艺的大国,传统手工技艺是普通民众智慧和无限创造力的结晶,是中国传统文化中的宝贵财富(江小角、张媛媛,2015)。安徽的传统手工技艺源远流长、种类丰富,大体可分为:烧造工艺、金属工艺、髹漆工艺、造纸工艺、制笔工艺、制墨工艺、制砚工艺、食品烹制技艺、制茶工艺、酒类酿造工艺等。这些传统手工艺基于以下几点得以入选国家级非遗名录:第一,具有长期民间传承的历史;第二,有鲜明的民族、地域特色或显著的传统审美情趣;第三,以天然原材料为主,采用传统的手工艺和技术,体现精湛的技艺,有完整的工艺流程;第四,具有丰富的历史、科技、人文内涵和独特的价值(江小角、张媛媛,2015)。笔者将从安徽传统手工技艺类非遗中选取国内外知名度较高、有一定代表性的三大类别的手工技艺非遗进行简单介绍。这三类分别是金属工艺类,以芜湖铁画锻制工艺为代表;制笔工艺、制墨工艺、造纸工艺和制砚工艺类,以"文房四宝"的宣笔制作技艺、徽墨制作技艺、宣纸制作技艺和歙砚制作技艺为代表;还有制茶工艺类,以绿茶制作技艺(黄山毛峰)和红茶制作技艺(祁门红茶)为代表。

一、芜湖铁画锻制技艺

芜湖铁画锻制技艺,为安徽省芜湖市地方传统手工技艺,为国家级非物质文化遗产之一。铁画制作起源于宋代,盛行于北宋。清代康熙年间,安徽芜湖铁画才自成一体,并逐渐享誉四海。芜湖铁画以锤为笔,以铁为墨,以砧为纸,锻铁为画,鬼斧神工,气韵天成。2006年,芜湖铁画锻制技艺经国务院批准列入第一批国家级非物质文化遗产名录。

芜湖铁画始于清康熙年间(1662—1722),由芜湖铁工汤鹏与芜湖画家萧云从互相砥砺而成(丘富科,2009)。及至光绪年间,因社会动荡、民生凋敝,加之这门手艺只传子媳,不授外姓,致一度兴盛的行业日渐式微,唯一专事制作铁画的沈义兴铁花铺也因无子媳继承而歇业。新中国成立后,铁画艺术受到政府和工艺美术行业的重视和扶植。1955年,由当时仍健在的铁画唯一传人储炎庆师傅牵头,建立了铁画恢复小组。1956年成立芜湖工艺美术厂并以铁画制作为其主业。改革开放后,铁画进一步得到发展(华觉明、李劲松,2010)。

芜湖铁画在艺术处理手法上,主要按国画中的章法布局,采用散点透视原理确定画面位置、层次。在运笔技法上,"工""写""皴""描"及"渲染"等国画技巧,皆通过"冶""锻""钻""剪""锉"等锻作技巧来表现,并将木雕、砖雕、石雕、泥塑的立体效果和民间剪纸中的艺术夸张手法综合于整个制作过程中(江小角、张媛媛,2015)。

芜湖铁画画面保持铁的本色,不涂彩,精制而成山水、人物、花卉、虫鱼、飞禽、走兽等各种艺术品。其特点既有国画、水墨画之境,又有强烈的艺术立体感,黑白分明,苍劲凝重,被称为"巧夺万代所未有"。铁画既有国画的神韵,又有雕塑的立体美,还表现了钢铁的柔韧性和延展性,形成了独特的艺术风格,被誉为"中华一绝"。

铁画的表现工艺主要由锻铁、淬火和上漆三个环节构成,其中锻铁工艺负责"形"的塑造,可细分为整体造型、细节表现、画面层次等多个要素,对铁画的艺术风格以及意境表达至关重要;淬火和上漆工艺负责铁画"色"的表现,对铁画的格调形成和气韵表达尤为重要,两者都是构成铁画独特艺术特征的重要组成部分。

(1) 锻铁工艺:是指在铁画锻制过程中,铁画匠人参照设计画稿对原材料进行造型上的加工过程,包括红锻、冷锻与接火三个环节。

(2) 淬火工艺:传统铁画的淬火工艺是为了让钢铁在红锻后获得较高的强度和韧性,防止铁画模块日久脱落。后来在国家级工艺美术大师储金霞的探索下,淬火被赋予新的作用,那就是通过淬火工艺可以丰富铁画的表现色彩。

(3) 上漆工艺:是指"用热烘松香柏油当漆,涂在铁画上防止锈蚀,同时增加光泽度和显出黑色"的工艺过程。随着时代的进步,松香柏油已被现代油漆所代替,在涂刷技法上也略有改变,因为如果按照传统上漆的方法通体平涂,就会显得工艺品味太重而灵气不足,所以有经验的匠人会根据画面的层次需要来调节油漆的喷涂位置及厚薄。

二、宣笔制作技艺

笔为"文房四宝"之一,宣笔制作技艺是安徽省宣城市传统手工技艺。宣笔制作的历史非常悠久。源于秦代,盛于唐宋,宋末元初战乱频仍,宣笔技艺逐渐式微。明清时期,再度兴盛。2008年6月,宣笔制作技艺经国务院批准列入第二批国家级非物质文化遗产名录。

宣笔的渊源最早起自秦代。宣笔制作传至汉代,制作技艺得到进一步改进,笔身装饰十分考究。魏晋时期,宣笔制作基本传承了汉制风格。唐代是宣笔发展的鼎盛时期,宣州也成为全国的制笔中心,并于唐天宝年间将宣笔作为贡品献奉朝廷。朝廷做了"岁贡青毫六两、紫毫二两"的规定。因这种笔主要在宣城集散,故得名"宣笔"。

到了宋代,宣笔制作技艺日臻完善,名工辈出,声誉日隆。宋末元初,由于朝廷偏安,战乱不断,迫使宣笔技工们为谋求生计而不得不四处流散,改谋他业,导致宣笔技艺失去根基。清嘉庆、道光年间有凤振堂笔庄、陈广良笔墨坊、吴志福笔店等制笔作坊。清末,扬州人朱丙生从铜陵学得宣笔制作技艺,回乡后开毛笔店,名扬一时(江小角、张媛媛,2015)。

宣笔柔韧相宜,笔匀基固,书写流畅,收发自如,既能蓄墨又不肥滞。长锋软毫质软丰腴而不肥厚,转锋灵活,能收能放,刚柔相济;紫毫则锋利挺劲且不失柔转,既易着力又便掌握;狼毫笔发墨均匀流畅,硬中破软,笔道挺劲;兼毫笔更是宜书宜画,软硬兼宜。

"尖、齐、圆、健"也被称为毛笔"四德",尖是指笔锋要尖如锥状,功用为利于书写钩、捺等笔画;齐是指笔毛铺开后,锋毛平齐,功用为利于吐墨均匀;圆是指笔根为圆柱体,圆润饱满,覆盖之毛均匀,功用为书写时流利而不开叉;健是指笔锋在书写绘画时有弹性,能显现笔力。

宣笔制作材料主要分两个部分:一为笔杆,普通的有木杆和竹管,较高级的有玉管、瓷管、雕漆管等,另有奢华者在笔管上雕镂象征吉祥的图案;另一材料为笔头,主要有紫毫、狼毫、羊毫、鼠须、鸡毛、鹅毛等兽毛禽羽,其中又以紫毫为精。但各种毫性能不同,紫毫偏硬,狼毫次之,羊毫较软,适合于不同的字体和画风。

宣笔制作需经过选料、水盆、制杆、装套、修笔、镶嵌、刻字、检验包装等八大工序共100多个环节,技艺极为复杂。

(1) 选料:笔料工要熟知毛料及各种毛的不同品质,并能鉴别其毛质、性能和用途。对收购来的山羊毛、山兔毛、黄狼尾毛、石獾毛以及笔杆、牛角等主要材料进行分类,按长短、粗细、色泽、有锋无锋等区别整理归类,防止混杂,以备取舍选用。

(2) 水盆:又叫水作工。这道工序因是在水中完成而得名,是宣笔制作过程中最为复杂而关键的步骤。工人一手捏着角梳,一手攥着脱脂过的毛反复梳洗并整理、排列、组合、分类,将各种制笔毛料做成刀片状的刀头毛,再根据需求不同将其进行配置。然后缕析分毫,把断头的、无锋的、曲而不直的、扁而不圆的毛剔除出来,再进行圆笔、盖笔、晒笔头等。最后将千毛万毫的笔头捆扎黏合在一起,谓之扎笔。这道工序对笔的制作和使用起着至关重要的作用,须做到笔的头底平整,线箍深浅适当。

(3) 制杆:主要是挑选合格的笔杆原料,按规格分清颜色,粗细一致,外表圆直,其直径、杆长、椭圆度、弯曲度均要达到一定的技术指标。剔除干裂、虫蛀、皮色苍老、粗细不匀的劣质笔杆,以确保笔杆的质地。制杆主要工序有下料、车管、接管、接挂头等。

(4) 装套:制好的笔头和笔杆需要装套,装套工按照一定的规格、型号将扎好的笔头和精选的笔杆仔细装套起来。

(5) 修笔:又称择笔,也是宣笔制作过程中的一道关键工序,要求十分精细,一般要经过焊笔、梳理、蘸胶水、修整成型及日光晒毛等工序,择笔工在操作时必须屏气凝神、心平气和,方能择好。

(6) 镶嵌:为了使笔杆造型具有美观典雅、富丽华贵的气势,还可以进行镶嵌,即以湘妃竹、凤眼竹、罗汉竹、象牙、红木、檀木等贵重材料制成的笔杆,用牛角等进行镶嵌装饰,主要分为锉、锯镶、刨等工序。

(7) 刻字:这是宣笔生产中功夫极深的一道工序,需要极好的文学修养和刀工技艺,还要熟练掌握不同书体。刻字工依照不同产品规格造型的需要,在圆笔杆上刻上各种书体的笔名及厂牌号,要做到字体排列均匀、大小一致、字间有序,达到不拼刀、不偏刀、不脱体、划头平整等多种要求。

(8) 检验包装:就是将成型的宣笔,按照一定的质量指标逐一进行出厂前的检查验收,以确保每支宣笔均能达到"尖、齐、圆、健"的标准。

三、徽墨制作技艺

徽墨是以松烟、桐油烟、漆烟、胶为主要原料制作而成的一种主要供传统书法、绘画使用的特种颜料。历代徽墨品种繁多,主要有漆烟、油烟、松烟、全烟、净烟、减胶、加香等。高级漆烟墨,是用桐油烟、麝香、冰片、金箔、珍珠粉等 10 余种名贵材料制成的。徽墨集绘画、书法、雕刻、造型等艺术于一体,使墨本身成为一种综合性的艺术珍品。

徽墨制作配方和工艺非常讲究,"廷之墨,松烟一斤之中,用珍珠三两,玉屑龙脑各一两,同时和以生漆捣十万杵"。因此,"得其墨者而藏者不下五六十年,胶败而墨调。其坚如玉,其纹如犀"。正因为有独特的配方和精湛的制作工艺,徽墨素有拈来轻、磨来清、嗅来馨、坚如玉、研无声、一点如漆、万载存真的美誉。徽墨的另一个特点是造型美观,质量上乘。这主要是因为使用墨模的缘故。

徽墨制作技艺是安徽省绩溪县、歙县、黄山市屯溪区地方传统手工技艺。徽墨生产可追溯到唐代末期,历宋、元、明、清而臻于鼎盛。徽墨制作技艺复杂,如桐油、胡麻油、生漆均有独特的炼制、点烟、冷却、收集、贮藏方法,松烟窑的建造模式、烧火、松枝数量与添加时间、收烟、选胶、熬胶、配料等也各有秘诀(丘富科,2009)。

徽墨是中国特有传统制墨技艺中的珍品,也是闻名中外的"文房四宝"之一。2006 年 5 月,徽墨制作技艺经国务院批准列入第一批国家级非物质文化遗产名录(冯骥才,2015)。

从现有史料来看,徽墨生产可追溯到唐代末期,由于安史之乱,大量北方墨工纷纷南迁,导致制墨中心南移。南唐时后主李煜得奚氏墨,视为珍宝。遂令其子廷为"墨务官",并赐国姓李作为奖赏,奚氏一家从此更姓李。从此,歙州李墨遂名扬天下,世有"黄金易得,李墨难获"之誉,全国制墨中心也南移到了歙州,徽州墨业进入第一个鼎盛期。

宋元时期墨工又在前人的基础上,添加药物成为药墨。使人们不但用墨也开始了藏墨,因而墨开始向工艺品方向发展。到了明清时期,徽墨的制作进入盛世阶段,随着社会经济的迅猛发展,制墨技艺也不断进步,墨的图案绘刻和漆匣的装潢制作,都达到了登峰造极的境界。这时期的徽墨按原料不同还可分为松烟、油烟、漆烟和超漆烟等品种,其中最名贵的是超漆烟等高级油烟墨,这类墨散发出紫玉光泽,用于书法色泽黝而能润;用于绘画浓而不滞,淡而不灰,层次分明,故受到历代书画家的推崇。

徽墨的工艺流程,主要分为九道工序:

(1) 炼烟。在进入正式的制墨环节之前,墨工需要在密闭的燃炉中烧制烟灰。

(2) 和胶。这一步可使分散的烟凝聚成块,古人熔胶,要求"煮化得胶清,墨乃不腻"。墨的质量高低与胶的关系非常密切,古往今来,制胶工艺一直是制墨的秘技之一。

(3) 杵捣。杵捣颇费气力,需反复捣匀、捣透才能出臼,故有"墨不厌捣"之说。

(4) 成型。墨丸嵌入印版后,将被搁置到毛竹所制的坐担下。这时,墨工就坐在竹担上,腾挪一番,用自己身体的重量将墨压平整。挤压规整后的墨锭,需冷却定型后才能脱模,夏季脱模的时间通常长于冬季。

(5) 晾墨。脱模后的墨锭将被送入晾墨场中翻晾,古代制墨常用炉灰来脱水,而今则以室内晾干为主,但对晾墨场的要求极高:需要保持恒温、恒湿,避免阳光直射,风大要关窗,梅雨季节要促进空气流通,晾墨时墨工还要勤翻动墨锭,以防收缩不匀而变形。墨锭的大小决定了晾墨时间的长短,一般情况下,一两的墨锭需要 6 个月,二两的墨锭需要 8 个月,墨锭越大,需要的翻晾时间就越长。

(6) 锉边。晾晒后的墨锭还需经专人修边,除去边缘的余墨。修墨师傅将一块挖了槽的木板钉在木墩上,再把墨锭固定在木槽中,然后用工具将墨锭的毛边打磨、修平,除掉瑕疵。

(7) 洗水。洗去修好的墨锭表面的灰尘。

(8) 填金。再将成形的墨锭根据图文填描金粉、银粉以及其他颜料。

(9) 装潢。加以包装后,便成了徽墨。

四、宣纸制作技艺

纸为"文房四宝"之一,宣纸制作技艺是安徽省泾县传统手工技艺。宣纸的制作,首先要经过一道制作皮料的工序和一道制作草料的工序,之后还要经100 多道工序方可制作而成。2006 年 5 月,宣纸制作技艺经国务院批准列入第一批国家级非物质文化遗产名录。"宣纸"一词最早出现在唐代学者张彦远所著的《历代名画记》书中,里面有"好事者宜置宣纸百幅"的记载,这是最直接对宣纸定名的文章。到了宋代,宣纸需求量大增,宣州各地所产宣纸供不应求。宋末元初,曹姓人迁徙至泾县西乡小岭一带,以制造宣纸为生,自此,泾县小岭曹氏一族逐渐发展成宣纸工业中的佼佼者,并且曾一度垄断了宣纸的生产经营。

元代建立后,南北统一,经济文化有所发展,尤其是绘画的繁荣,使得宣纸有了极大的发展空间,宣纸作为画家们发挥才能的"基本工具"而被重视起来,大大地刺激了宣纸业的发展,加上宣纸制造工艺的日趋成熟,使宣纸生产有了长足的进步。18世纪后期,泾县宣纸在国际展览中获奖并传入欧美各国,在当时引起轰动,泾县宣纸的年产量甚至达到了近千吨。新中国建立后,政府积极扶持宣纸业的发展,在遍访宣纸世家之后,在泾县城东乌溪旁建立了新中国成立后的第一家宣纸生产厂家,使宣纸业得到复苏并得到空前的发展(杨素梅,2012)。

宣纸的制作,以榆科落叶乔木青檀皮和精选沙田稻草为原料,并将其分别制成皮料浆和草料浆,然后按不同的比例混合,添加进用猕猴桃藤汁做成的纸药,抄制出不同品种的宣纸。整个生产过程有100多道工序,而要掌握这一套复杂的技艺,不但依赖师徒之间的传承,还依赖制作者长期的实践和体悟。

宣纸在制作之前,要经过一道制作皮料的工序和一道制作草料的工序。其中皮料制作主要指对檀皮纤维等制纸原料的加工,其中又包含了30多道烦琐的小工序,如剥皮、踩皮、摊晒成燎皮、鞭皮、洗皮、漂白成檀皮纤维料等。草料制作工序则主要是对水稻草等草纤维进行加工,其中包含了约20道小工序,如选草、切草、捣草、反复地蒸煮与日晒等,直至最终漂白成草纤维料。

这两道工序完成后,便可以为制作宣纸进行配料,即将檀皮纤维料与草纤维料按一定比例混合。所需纸品类别不同,所配制的比例也会有所不同,配好的料需要再经过筛选、打匀、洗涤等,最终制成一种混合纸浆。将这种混合纸浆配上适度的水,再配上用猕猴桃藤汁做成的纸药,然后再经过捞纸、压榨和焙纸,整套工序下来,纸的好坏和洇墨效果等都已经基本确定下来,成为宣纸的原纸。但作为商品的宣纸仅如此还不够,成品的加工宣纸,其标准要求也很高,不但要求做到纸质绵韧、手感润柔、纸面平整、有隐约的竹帘纹,还要使切边整齐洁净,纸面上不能存在褶子、裂口、洞眼、沙粒和附着物等瑕疵。因此还需要对已经成形的纸张逐一进行辨别和挑选,再将选中的纸张剪去毛边,再进行印刷、过矾、打磨、包装等,才能够成为享誉世界的宣纸(江小角、张媛媛,2015)。

五、歙砚制作技艺

砚是"文房四宝"之一。歙砚制作技艺是安徽省歙县和江西省婺源县的地方传统手工制砚技艺。歙砚制作技艺在汉、晋时期已问世,至唐代名声日盛。五代后,歙砚更为世所珍重。新中国成立后,歙砚生产一度得到发展,改革开放后,歙砚制作技艺得到迅猛发展。2006年5月,歙砚制作技艺经国务院批准列入第一批国家级非物质文化遗产名录。

歙砚始于唐代。盛唐时歙砚已大盛。唐开成五年的箕形歙砚,石质细润,色泽清纯,是早期歙砚的珍贵遗存。在南唐时期,歙砚大受宠遇,中主李景精意翰墨,宝重歙石,专门在歙州设置了砚务,选砚工高手李少微为砚务官;后主李煜对歙砚极为推崇,把歙砚、澄心堂纸、李廷硅墨三者称为天下冠。

宋代,歙砚获得很大发展,歙石开采规模扩大,歙砚精品不断涌现,名色之多、质地之细、雕镂之工,为诸砚之冠。1953年歙县宋代窑藏出土17块歙砚,石质与造型各异,制作巧妙,展现了歙石精美绝伦的面貌。据砚谱记载,宋时歙石名目有眉子纹7种、外山罗纹13种、水玄金文厥状10种,各种纹色灿然烂漫,诚如宋代书法家蔡君漠所赞:"玉质纯苍理致精,锋芒都尽墨无声。相如闻道还持去,肯要秦人十五城。"诗中将歙砚与卞和玉相媲美,认为歙石价值连城。

元代以后,歙石开采时断时续,但成砚依然大量涌现,成为明清宫廷和士绅之家赏鉴流连的珍品。

中华人民共和国成立后,歙砚生产一度得到发展,金星歙砚重新问世。改革开放后,歙县和婺源县先后成立了歙砚厂、工艺厂、文房四宝公司等,从砚石开采、产品制作到装潢工种齐全。20世纪80年代中期后,歙砚进入全国制砚行业前列。

歙砚制作技艺有六大工序:

(1)选石。选石其实就是砚石的石质鉴定过程,采用"看、摸、敲、洗、磨、刻"等方法鉴定出石质优劣后,将符合制砚标准的优质砚石挑选出来。好的砚石应具有适当的体积,硬度、粒度适中,不能有石筋和隔。有的石料需要按照规格、工艺的要求进一步加工,锯成一定形状,经适当打磨后成为砚坯。

(2) 设计。设计是砚台制作过程中极其重要的关键性工序,作品的成功与否某种程度上取决于设计能力的高下。歙砚雕刻讲究因材施艺,天然造化,因此设计过程中要反复比较和观察石料的形状、质地、颜色与纹理,充分发挥自己的想象力,选择最佳的雕刻主题,按砚坯形状大小、质地优劣、纹色变化等赋予不同图案,并将图描于砚坯上(如胸有成竹,也可用铁笔直接在砚坯上勾画),以便循图雕刻。

(3) 雕刻。砚雕是一种艺术创作,与书法、绘画同理。砚雕的一般要求是:掩疵显美,不留刀痕。根据内容选择刀法,或奔放、刚劲、或细腻、含蓄,应刚柔相济,把握好轻、重、徐、疾等。工序分凿刻(打坯)和雕刻(出细)两步,先将水池、砚池、覆手凿成后,再用雕刀修饰。砚台雕刻应做到比例合理、主体突出、层次分明、线条流畅,有些砚还要刻上铭文和印章等。

(4) 打磨。砚刻完成后,砚面和图案须磨光,先用细油石将砚通磨一遍,再用细砂纸水磨至手触无铿为止。一件砚作能否平整匀顺、光洁透彻,关键在于打磨(磨光),一定要认真对待这项工作,不能有丝毫马虎。打磨不干净或打磨的方法不恰当,会使砚作受损,功亏一篑。

(5) 上光养护。一件砚作完成后,应当施以一层薄油养护。按照传统以核桃油为佳,歙砚一般不做封蜡处理。

(6) 配制砚盒。歙砚均须配砚盒,以保护图饰和铭文,防止尘埃入砚,且对砚起装饰作用。砚盒以各种材质的木料为主,还包括锦盒等,不宜采用比砚更硬的金属或其他材料制盒。除了配制砚盒外,还包括一些后期的包装工作等(凌红军、王宏俊,2009)。

六、绿茶制作技艺(黄山毛峰)

绿茶制作技艺(黄山毛峰)是安徽省黄山市徽州区传统技艺。黄山毛峰产于安徽省黄山(徽州)一带,由清代光绪年间谢裕大茶行所创制。每年清明谷雨,选摘良种茶树"黄山种""黄山大叶种"等的初展肥壮嫩芽,手工炒制。该茶外形微卷,状似雀舌,绿中泛黄,银毫显露,且带有金黄色鱼叶(俗称黄金片)。入杯冲泡雾气结顶,汤色清碧微黄,叶底黄绿有活力,滋味醇甘,香气如兰,韵味深长。由于新制茶叶白毫披身,芽尖锋芒,且鲜叶采自黄山高峰,遂将该茶取名为"黄山毛峰"。2008年6月,绿茶制作技艺(黄山毛峰)经国务院批准列入第二批国家级非物质文化遗产名录。

据《中国名茶志》引用《徽州府志》载:"黄山产茶始于宋之嘉祐,兴于明之隆庆。"明代的黄山茶不仅在制作工艺上有很大进步,品种也日益增多,而且当时的黄山茶已独具特色、声名鹊起,黄山毛峰茶的雏形也基本形成。清代光绪元年(1875),徽州漕溪人谢正安在当地创办"谢裕大茶行"。毛峰茶叶运到上海,即受到当时在华的英国茶商的称赞,不仅名扬上海,而且出口英国,驰誉欧洲。后来,毛峰种植扩展到整个黄山南北麓,出产的茶叶相应改名为"黄山毛峰"。1949年以后,黄山毛峰一直作为中国外事活动中馈赠国宾的礼品茶。

黄山毛峰的手工制作工艺主要有三道工序:

(1)杀青。杀青是黄山毛峰茶加工的第一道工序,可以使茶叶保持固有的绿色,是保证黄山毛峰茶汤清叶绿的关键。黄山毛峰茶的杀青一般使用直径为50厘米左右的桶锅,杀青采取闷、抖结合。先把500克左右的鲜叶均匀摊放在锅底,在150℃高温环境下闷杀2分钟左右,尽量散发掉鲜叶中的水蒸气。待锅口大量溢出水蒸气时,使用130℃锅温翻炒杀青。翻炒时,用手掌反复地把青叶从锅的一边推向对角的一边,尽可能地抖散、扬高青叶,使叶片离开锅面20厘米左右,保证青叶受热均匀。注意手势要轻、快,不能用力过重,避免挤出茶汁而导致茶叶色泽发暗。一般每分钟翻炒50—60次。黄山毛峰茶杀青的程度,一般至杀青叶含水率至30%—55%、叶质可以揉捻成团、嫩梗不容易折断、色泽墨绿即可。

(2)揉捻。杀青叶起锅后,把杀青叶放在簸箕中摊开、翻匀,然后用手轻扬几次,再充分搅拌,使杀青叶内部的热气散失后,把杀青叶倒入笸箩中。使用双手按住杀青叶,反复轻揉1—2分钟,使青叶卷曲成条状。揉捻时速度要慢,而且不能用力过重,注意要一边揉一边抖,以便保持芽叶的完整。揉捻是黄山毛峰茶初制中的塑型工序,通过揉捻形成了毛峰茶紧结、弯曲的外形。同时揉捻对茶叶内质的改善也有一定的影响,炒青叶在受到挤压后,茶叶的部分叶细胞也会逐渐扭曲破裂,渗出茶汁附着在揉捻叶的表面上,能够增加茶叶的黏结性。

(3)烘焙。黄山毛峰茶的烘焙使用烘笼进行,烘笼由烘顶、烘圈组成,用竹篾编制而成。揉捻结束后,在烘圈下面放上炭火,盖上烘顶。为防止烟味影响茶叶品质,要等烘笼顶部不再有烟冒出后,才能放上青叶。把青叶按0.5—1.5厘米的厚度摊放在烘顶上,然后不断检查青叶的干燥程度,一般烘干到茶叶含水量为4%—6%即可下烘。茶叶干燥下烘后,还要拣去杂物,趁热装入铁筒内,加盖密封后即可上市(凌红军、王宏俊,2009)。

七、红茶制作技艺(祁门红茶)

红茶制作技艺(祁门红茶)是安徽省祁门县传统技艺。祁门红茶简称"祁红",因产于安徽省祁门县而得名。祁门产茶可远溯至南北朝时期,发展于唐代,祁红在清代制作成功并扩大生产。祁红制作技艺分为初制和精制两大部分共多道工序,制成的祁红色泽乌润、条索紧细、锋尖秀丽,冲泡时汤色红艳透明、叶底鲜红明亮。传统的祁门红茶全系手工制作,其质量取决于制作工夫,因此祁红又有"祁门工夫"之称。2008年,红茶制作技艺(祁门红茶制作技艺)经国务院批准列入第二批国家级非物质文化遗产名录。

祁门产茶历史悠久,可远溯至南北朝时期。唐代诗人白居易《琵琶行》中的著名诗句"商人重利轻别离,前月浮梁买茶去",描述了唐代浮梁茶市情景,诗中茶商所买的茶,大多产于祁门地区,说明祁门县有着悠久的产茶历史。清代光绪二年(1876),祁门县胡元龙、黟县于干臣,仿闽红制法,尝试制作祁门红茶,并获得成功,从此"祁红"不断扩大生产,逐渐形成了中国的重要红茶产区。《中国茶经》记载:"祁红主产安徽省祁门县,与其毗邻的石台、东至、黟县及贵池等县也有少量生产。"(赵自云、唐孝中、占辉斌,2016)

祁门红茶的传统制作技艺分为初制和精制两大过程(赵自云、唐孝中、占辉斌,2016)。

1. 初制工序

祁门红茶的初制工序是指将从茶树上采摘好的生茶叶制成毛茶,分为萎凋、揉捻、发酵、干燥4道工序。

(1)萎凋。俗称"晒青",即将从茶树上采摘的鲜茶叶,在阳光下晾晒,茶叶晾晒得越薄、越匀越好。且在晾晒的过程中,需要不停地对其进行翻动,使鲜叶能够均匀地在日光下晾晒,直至叶片呈深绿色、叶边呈褐色、叶柄皱缩柔软而无弹力时为佳。若逢阴雨天气,萎凋只能在空气流通的室内操作。

(2)揉捻。萎凋完成后,即可对茶叶进行揉捻,挤出茶叶中的茶汁,为下一步的发酵做准备。揉捻是形成祁门红茶紧结细长美观外形的关键步骤。祁门茶农进行揉捻的传统做法是用足踩,即将萎凋好的茶叶放在木缸内,穿上新制的鞋子或洗净足部,站在缸内,手扶缸边,用足踹紧茶叶,频加揉转,直至茶条完全紧结为止。

(3) 发酵。将揉捻的茶叶堆置于竹篓、木桶、簸箕或特制的发酵床上,用力压紧,上面盖上厚湿布,放置于日光下晒,借其热力促发酵,直至茶叶色泽变红并散发出茶香。茶叶的发酵时间与堆放的厚度有关,一般来说,春茶发酵时间为3—5个小时,夏茶为2—3个小时。

(4) 干燥。茶叶适度发酵之后,茶农将会通过使茶叶干燥来停止茶叶的发酵。古时茶农一般是通过将茶叶放置于日光下暴晒来使其停止发酵,如果遇上阴雨天气,则会用炭火烘焙,直至其达到五六成干为止。

经过以上四步后,祁门红茶初制工序基本完成,茶农将制好的祁门毛茶装入袋中,以待销售。

2. 精制工序

祁门红茶的精制工序,就是将制造好的毛茶制成商品茶,主要由烘干、筛分、拣剔、补火、宫堆、装箱6道工序组成。

(1) 烘干。茶号从茶农手里收购的毛茶一般只有五六成干,因此,茶号在对毛茶进行筛分之前,还需要对收购的毛茶再次进行烘干。方法是将毛茶铺于竹笼之上,下置炭火进行烘干,为了有效防止因茶末落入炉内生烟,致使茶叶沾染枯焦气,影响其品质,需要用竹區每隔20分钟对毛茶翻拌一次。

(2) 筛分。毛茶烘干之后,即进入筛分工序。传统制茶中常用的筛茶方法有手筛和吊筛两种方法。《祁门之茶业》中记载,根据网眼由大到小,茶筛的种类共有14种,其网眼孔径为1.2—11毫米。祁门红茶筛分步骤十分繁琐,大体可以分为大茶间、下身间和尾子间三步:大茶间主要进行初次筛分,下身间主要用来筛分"3号"以下的茶,尾子间主要用来处理大茶间与下身间筛分出来的较为低劣的茶叶。

(3) 拣剔。筛分完成后,便可以对茶叶进行拣剔,拣剔的主要目的是剔除遗漏在茶叶里面的茶梗和劣片。拣剔时,茶号的看拣师傅会发给拣工茶叶一箩,分量视等级而定,一般5千克左右,同时领取茶证一张。监拣茶工在茶厂巡视,见茶合格后,就在茶证上盖一戳记。拣工将茶证和茶叶交回发拣处,便算合格一箩,则可重新领取新茶再拣。

(4) 补火。茶叶在筛分与拣剔等工序中,难免有潮气渗入,故需要再次对其进行干燥,即所谓的补火。其方法是先将茶叶放于小口布袋中,每袋重约2.5千克,置于焙笼中烘烤,每隔三四分钟,将布袋提起抖动一次,使其均匀受热,直至茶叶呈白色为止。

(5)宫堆。也叫均堆。即将完成补火的各类茶叶混合均匀,以待装箱。方法是将各类茶叶分层堆于均堆场内,堆成数尺高的立方体,再用木耙徐徐爬梳,使茶叶徐徐流下,混合均匀。均堆分两步,首先做成小堆,用软箩对其进行称量,以估可装箱数;其次再将各号茶叶堆成大堆,混合均匀后开始装箱。

(6)包装。祁门红茶一般采用锡罐加木箱的方式进行包装。包装时,先用锡罐存放,罐内衬毛边纸两层,罐外糊表芯纸和皮纸各一层;摇紧后入封口,套入木箱,最后封盖。木箱一般采用无气味的枫木制成,茶号一般会提前两个月到当地的箱板店定制。然后再将印有茶号和茶名的花纸粘在箱外,并涂油,以防水损(赵自云、唐孝中、占辉斌,2016)。

第二节 安徽传统手工技艺类非遗译介概述

一、外宣翻译与传统技艺类非遗译介

在本书第四章中,我们已经探讨过,民间文学的本质是一种基于语言的口头文学,不同于以文字为载体的常规文学形式,而民间文学类非遗的译介也不同于单纯的文学翻译,文学翻译相对于民间文学类非遗的译介来说,可译性更强,译文往往更加严谨、更加符合文字美学,同时也能充分阐释原文的意义。在本书第五章中,我们又探讨了戏剧类非遗虽属于戏剧的范畴,但戏剧类非遗译介却不等同于戏剧翻译,两者在目的性和功能性上均有差异。在本章中,为了更好地研究传统手工技艺类非遗译介,我们有必要先探讨一下外宣翻译和传统手工技艺类非遗译介。

外宣翻译,顾名思义,是以完成那些对外宣传材料的翻译任务为基本内容的翻译实践活动的总称。在我国,外宣翻译的主要任务就是要将中文译成英文或者其他外文,向世界传播来自中国的声音。这些翻译任务都是以"外宣"命名

且以"外宣"为基本特征的翻译活动。"外宣",如同一根红线,贯串于这些翻译活动的始终。一方面,"外宣"这根红线,是外宣翻译区别于文学翻译等其他翻译活动的特殊本质,决定着政治文献翻译、对外报道翻译、旅游资料翻译等外宣翻译的所有实践活动的成败得失;另一方面,外宣翻译是一个系统工程,政府工作报告、党和国家领导人讲话、新闻报道、政治口号或标语、旅游景点介绍等,这些外宣资料的翻译,都是这个系统工程中的一个部分、一个环节,是彼此联系、相辅相成、不可分割的一部分(张健,2013)。

有学者曾尝试给外宣翻译下定义。张立蓉和孟祥春认为,随着中国社会经济的全面发展和进步,以及对外交流的不断加深,需要把大量有关中国的各种信息从中文翻译成外文,通过图书、期刊、报纸、广播、电视、互联网等媒体以及国际会议对外发表和传播,这就是外宣翻译(张立蓉、孟祥春,2007)。

曾利沙认为,外宣翻译包括政治、经济、国防、科技、文化、教育等发展状况的对外介绍、各级政府的相关政策公告及对外交流活动的信息通告;或各地市政建设宣传、招商引资与旅游宣传、各种国际性活动及行业展览活动宣传;或公司与乡镇企业的对外宣传及产品介绍等(曾利沙,2007)。

这两个概念的共性特征都表现在侧重于传递以客观事实为主的"信息",注重对外宣传的社会效应(度),而文字符号所荷载的美学意义或个性特征则往往处于从属地位(张健,2013)。

从定义上不难看出,学者们从各个不同角度诠释了外宣翻译。外宣翻译的特殊性在于"外宣"两字。其中,"外"指的是外宣翻译活动的目的地,"宣"指的是外宣翻译活动的传播方式。外宣翻译以"外宣"为方式和手段,来发挥其政治、经济、科技和文化功能,从而实现其翻译目的(张健,2013)。

张健教授认为,外宣翻译是翻译的一种特殊形式,指在全球化背景下以让世界了解中国为目的、以汉语为信息源、以英语等外国语为信息载体、以各种媒体为渠道、以外国民众(包括境内的各类外籍人士)为主要传播对象的交际活动。在遵循翻译共性的前提下,外宣翻译可以从广义和狭义的角度去理解。广义的外宣翻译包罗万象,几乎涵盖所有的翻译活动,包括各行各业、各级部门从事对外宣传有关的翻译活动,即人们常说的"大外宣"的翻译概念。狭义的外宣翻译包括各种媒体报道、政府文件公告、政府及企事业单位的介绍、公示语、信息资料等实用文体的翻译(张健,2013)。从概念上分析,传统手工技艺类非遗译介既有广义外宣的一面,如各种对外宣传的翻译活动;又有狭义外宣的一面,如各种媒体报道、信息资料等。虽然"翻译"和"译介"本就是不同的概念,具有不同的渊源和内涵,无法进行直接的比较,当然也不能简单地比较传统手工技艺类非遗译介和外宣翻译,但是从本质上讲,传统手工技艺类非遗译介可以视为外宣翻译的一种形式,也是一种应用翻译。在译介效果上追求的是一种信息的准确、通畅和简洁的表达,而不同于前文所研究的民间文学类非遗译介和戏剧类非遗译介,那两种译介均有与文学翻译相似的一些特征。

二、安徽传统手工技艺类非遗译介整体情况

由于传统手工技艺类非遗不仅具有实用性的特点,还兼具艺术性和文化性,所以相比较其他类别的非遗,传统手工技艺类非遗的活态性体现得更加明显,与现代生活的融入性更强。这就导致了传统手工技艺类非遗的译介整体上形式较为多样。如安徽一些地市级的博物馆,设有手工技艺类非遗的展区,基本上都配有相应的中英文介绍。又如近年来在安徽各地举办的一些文博会活动,有时也会印发与手工技艺类非遗相关的中英文介绍。此外,像一些语言文化类的教材、用英语讲中国故事的丛书、推介中国文化的网站或数字博物馆等,也会涉及部分传统手工技艺类非遗的译介。这些译介大致体现了两个特点:一是不同的传统手工技艺类非遗的译介数量差别较大,这主要和手工技艺类非遗本身固有的国内外知名度有关,非遗本身的知名度会影响非遗主管单位及译介者对译介对象的选择;当然,不同的非遗在现存译介材料的丰富度上也有差别,如安徽黄山市的漆器髹饰技艺和安徽阜阳界首彩陶烧制技艺等的译介资料极少。第二个特点是,这些译介大多是简单地介绍手工技艺类非遗的名称和历史,鲜有手工技艺流程介绍,一方面是因为译者的译介习惯,另一方面是由于受众的接受习惯。但是,手工技艺流程是手工技艺类非遗的重要特征,是手工技艺类非遗与其他手工艺相区别、能够成为非遗的核心要素,从本章第一节对手工技艺类代表性非遗的概述中,可以看到每种手工技艺都有较完整的工艺流程。所以,在译介时,应适当增加工艺流程的内容。

具体来看,三项传统手工技艺类代表性非遗的译介情况大相径庭。有关芜湖铁画锻制工艺的英文译介,主要见于博物馆、铁画制造公司的宣传资料。其他形式的有关铁画的译介有:1958年《关山雪霁》《黄山莲花峰》等作品参加在匈牙利布达佩斯举办的社会主义国家造型艺术展览。1959年《松鹰图》《花蝶》

和《牛郎织女笑开颜》三幅铁画被选送到法国巴黎在由世界和平理事会举办的国际博览会上进行展出。1983年在美国华盛顿展出了由我驻美使馆提供的35幅芜湖铁画。芜湖铁画还在日本、意大利、尼日利亚等20多个国家展出，赢得所到国家的赞誉，促进了国际文化的交流（吴艳晖，2019）。

有关铁画译介的学术论文，知网检索到的仅有两篇：一篇是2014年钱龙、詹凯丽发表在《科技资讯》上的《铁画文化翻译图式研究》一文，探讨了铁画的翻译策略应立足图式理论，通过勾勒出"居间存在"图式，对源语和译语进行解码和编码，从而达到传神达意的表达（钱龙、詹凯丽，2014）。另一篇是吴艳晖2019年发表在《山东农业工程学院学报》上的《外宣翻译的现状分析与策略研究——以芜湖铁画艺术为例》，作者简要分析了外宣翻译的现状，探讨了芜湖铁画艺术外宣翻译的策略。在涉及芜湖铁画非遗的艺术文化和保护发展方面，共搜集到三本学术专著：一本是李涛在2017年出版的《铁画艺术文化》，作者着眼于挖掘工匠艺人在铁画制作过程中的技术掌控和情感表达，把铁画艺术背后百年来的厚重文化铺展开来。第二本是王荣才于2017年出版的《芜湖铁画保护和发展研究》，该书除了介绍铁画的发展现状、艺术价值、人才培养、发展模式之外，还专门探讨了芜湖铁画的宣传推介及商业推广模式。第三本是庞磊于2016年编著的《芜湖铁画》，该书为"非物质文化遗产丛书"之一，全面介绍了铁画的发展历程与艺术、技术特征，还穿插了名家传记趣闻等，着重阐述了芜湖铁画与中国传统绘画及其他艺术形态的内在渊源。这三本关于"芜湖铁画"的著作对于铁画艺术的传承和推广都有积极的意义，但与铁画及其制作工艺相关的英文译介还亟待丰富。

与芜湖铁画相比，作为"文房四宝"的笔、墨、纸、砚的知名度要大得多，同时造纸术还是我国古代的四大发明之一，所以在译介上来说也要丰富得多。宣笔制作技艺、徽墨制作技艺、宣纸制作技艺和歙砚制作技艺的英文译介，广泛见于各地市博物馆、文博会、政府、生产厂家的宣传资料，在一些非遗的外宣图（册）、中国传统文化外译的图书、语言文化类教材和各类互联网媒介中也常有出现。相对来说，宣纸的制作工艺被译介的频率更高。例如，北京语言大学出版社于2017年出版的《非物质文化遗产在中国》（中英文）就有专门的一章介绍"宣纸传统制作技艺"。

专门研究"文房四宝"或者相关非遗制作技艺的学术论文，知网共检索到两篇，这两篇均是硕士学位论文。一篇是湖南科技大学陈景楠撰写的《多模态视角下的纪录片字幕翻译——以〈中国文房四宝〉英译为例》,该文以央视纪录片《中国文房四宝》的字幕英译实践为基础,以多模态话语分析为理论依托,探究该纪录片字幕的特点及可采用的英译策略(陈景楠,2017)。另一篇是西安外国语大学董婷婷撰写的《纪录片〈中国文房四宝〉字幕翻译报告》,该文以实践报告的形式展开,描述了在功能对等理论的指导下开展的翻译实践过程,并结合翻译实例,探讨了在词汇层面、结构层面和语言风格层面相应的翻译策略。这两篇文章都以安徽广播电视台、安徽广电传媒产业集团于2016年出品,并在中央电视台纪录频道首播的六集纪录片《中国文房四宝》的字幕翻译作为研究对象,采用了不同的翻译理论,探讨了这部纪录片字幕翻译的策略,是中国优秀传统文化走出去译介实践的有益探索。

中国是茶的故乡,也是茶文化的发源地。茶文化作为世界了解中国的"重要窗口",其影响力也与日俱增。茶文化译介研究对弘扬优秀传统文化举足轻重(姜欣、宁全,2021)。根据姜欣、宁全(2021)所做的国内茶文化翻译研究近15年的研究综述,中国茶文化涵盖范围较广,研究主题包含茶典籍、茶产品、茶诗以及茶艺等;中西茶文化重点关注中西茶文化的内涵与差异;跨文化交际强调文化交流与传播。茶典籍是茶文化的重要载体,也是茶文化的研究重点(姜欣、宁全,2021)。王源(2020)的研究发现,近年来,一些研究者从中西方文化差异的视角探讨制作茶叶的技巧与方法,从茶文化的功能、内涵和认知等方面探讨中西方差异,对茶叶的翻译多从茶叶本体、茶叶名称以及茶叶品质等方面展开。基于非物质文化遗产角度的研究则很少见(王源,2020)。综合来看,有关安徽名茶的英文译介常见于各地市博物馆、文博会、政府、生产厂家的外宣资料,但鲜有介绍制茶工艺类非遗的译介。

第三节 安徽传统手工技艺类非遗译介时应注意的问题

一、译者应丰富"言外知识"

译者除了在语言方面要有扎实的基础、过硬的本领之外,还必须有知识方面的基本功,或称"言外知识""超语言知识",翻译界行话叫"杂学"。外宣译稿常常会涉及各行各业的方方面面,举凡政治、经济、文化、科技等无所不包。如果译者没有较广泛的知识,英译时就会很吃力,译文的质量也就会受影响(张健,2013)。要做好传统手工技艺类非遗的译介,尤其需要译者具有丰富的"言外知识",能够正确理解非遗的工艺流程,这是做好译介的前提。

例如,芜湖铁画锻制技艺中的"淬火"工艺。"淬火"一词,在汉语中指的是金属或玻璃的一种热处理工艺,通常是将工件加热到某一高温,再用水、油或空气使其急速冷却,并让工件表面硬化。在英文中,有两个单词常用来表示"淬火",分别是"hardening""quenching",但这两个词却有不同侧重,"hardening"通常强调的是使金属硬化,而"quenching"则强调的是通过水、油等使金属迅速冷却,而让金属表面硬化。通过笔者的实地调研,考察铁画的具体锻制的技艺,"quenching"一词显然更符合铁画实际的"淬火"工艺流程。

又如,徽墨有一道重要的工艺流程,名为"和胶",要正确翻译本词,首先应理解本词的意义。"和"是一个多音字,共有5个读音,当"和"读作 huó 时,表示"在粉状物中搅拌或揉弄使粘在一起,例如和面";当"和"读作 huò 时,表示"粉状或粒状物掺和在一起,或加水搅拌,如和药、和稀泥"。所以,"和胶"中的"和"应读作 huó,指的是在制墨过程中,在细软的油烟粉状物中加入用肉骨头煮制的明胶和其他秘方,然后不断搅拌使其凝聚成墨块。对应的英文翻译应为"kneading the dough"(胡敏,2019)。

再如,黄山毛峰手工制作中的第一道工序:杀青。"杀青"一词,在汉语中多有出现,但大多数人只知道这个词表示电影拍摄完毕。其实,这个词共四个含义,电影拍摄完毕或电视剧制作完成只是其中一个意思。在古代制作竹简,必先用火烤炙,至其冒出水分,刮去青皮,始方便书写并防止虫蠹,这一制作程序,称为"杀青"。此外,杀青还泛指书籍定稿或著作完成。而绿茶制作中的杀青,指的是利用普遍破坏和钝化摘下的嫩叶中的氧化酶活性,抑制发酵,使茶叶保持固有的绿色,同时减少叶中水分,使叶片变软,便于进一步加工。在充分理解了"杀青"的不同含义后,在翻译的时候,译者便胸有成竹了。由于杀青这道工序是为了使茶叶保持固有的绿色,保证黄山毛峰茶汤清叶绿,所以英文通常译为"fixation"。

二、应灵活采用恰当的翻译方法

译者应根据译文不同语篇的预期功能,抓住原作意图,灵活得当地选择相应的翻译策略,决定处于特定语境中的哪些原文语篇信息可以保留,哪些必须根据译语语境进行调整……再根据译文读者的需要,或直译,或意译,或删减,或改写(贾文波,2004)。这一原则同样适用于传统手工技艺类非遗的译介。如《非物质文化遗产在中国》中有一章介绍宣纸传统制作技艺,中文表达为"宣纸质地绵软坚韧,吸水性极好,能够完美表现墨色的轻重浓淡,并且耐存放、不褪色,是中国造纸技艺最好水准的体现。"英文译文为"Xuan paper is both soft and tough with good water-absorbing quality. It can perfectly show the depth of the ink color, and can be kept for a long time without color fading. It epitomizes the highest skill of Chinese paper-making."中文原文中的"墨色的轻重浓淡",对应的本为四个形容词,但如果采用逐字对译,生硬地把四个形容词都翻译出来——"light, heavy, thick, thin",对于缺乏对中国水墨字画了解的外国受众来说,感觉会非常诧异。而用"depth"一词,不仅给外国受众更大的理解空间,更能准确地体现墨色的层次感,这是极好的译文。

又如,人民出版社出版的《用英语讲中国故事》系列丛书提高级中有一章介绍毛笔,中文原文"由于笔的不同会影响运笔的方式,士人书风各异,对笔的要求亦不同,故而毛笔种类繁多;从笔毫材质上分,有羊毫、狼毫、胎毛等多种材质;从性能上分,有硬毫、软毫、兼毫;从笔管材质上分,又有竹管、象牙、玳瑁等等。"(胡敏,2019)英文译文为"The types of brush pen affect the ways they are wielded, and vice versa. Materials for the brush include the hair of goat and wolf, and even fetal hair. In terms of hardness, there are rigid brush, soft brush and a combination of the two. The body can be made of bamboo, ivory, hawksbill, etc."这段译文极为精彩,做到了"去繁就简、变虚为实"。首先,略去了中文原文中的"士人书风各异,对笔的要求亦不同,故而毛笔种类繁多",这三句话放在整段中实质意义不大,众所周知,个人喜好不同,肯定对笔的要求也不同。下文中列举了毛笔的很多分类,"故而毛笔种类繁多"显然就赘述了。因此,译文对原文进行了适当的瘦身,使译文读起来更贴近外国受众。这里的"瘦身"指简化或删减,是指翻译时对原作中一些不影响译文读者理解的信息进行删减,有时是去掉原作中的残枝败叶,有时是挤掉多余的水分(张健,2013)。

三、应全方位加强手工技艺类非遗的译介

鉴于手工技艺类非遗具有实用性强的特点,手工技艺类非遗在现实生活中的活态性相较于其他类型的非遗会更强,也会有更多的途径和更丰富的形式进行译介。通过调研和搜集译介资料,我们发现安徽手工技艺类非遗译介整体上好于其他类型的非遗译介,无论是在译介途径上还是在译介效果上都有明显体现。例如,由著名导演任长箴执导的《中华百工》系列纪录片之《中国宣纸》(中英文)2017年5月正式在国内外新媒体平台上线传播,上线仅几日浏览量已破百万,反响热烈。系列纪录片《中华百工》是中宣部委托央视网实施的"利用海外社交平台传播中国文化"项目重要内容之一,选取了中国非物质文化遗产这一重要的国家文化形象符号,旨在扎扎实实"讲好中国故事,传播好中国声音",对外传播中国优秀文化。《中国宣纸》作为该系列片的样片,于2016年6月完成拍摄,内容丰富、精彩,以上、下两集呈现。美国网友Lucia留言:"中国书法艺术就离不开宣纸,这种纸张价格昂贵。"尼泊尔网友Ajit Nair说:"这种止于至善的艺术追求和造纸规模非常惊人,向这些工匠和他们的作品致敬。"该项目将制作成电视纪录片、公益宣传片、网络视频、新媒体应用等产品,依托央视、央视网播出,并将制作成多语种成片,在海外主流新媒体脸书(Facebook)、推特(Twitter)上向外国民众和海外华人进行多元化的广泛传播。

又如由五洲传播中心于2015年制作完成并上线的大型非物质文化遗产纪录片《指尖上的传承》(中英文),旨在展示出中国传统手工艺传承的神奇,该纪录片从1000多个国家级非遗项目中,精选用影视方式能够良好表达的内容,采用拍摄、情景再现、动画制作相结合的手法,着重展示出传统手工艺的制作过程,从纪录片中我们可以看到中国古老而神秘的制作工艺,凸显工艺美术的文化内涵和价值,展现我国民族文化中的优秀审美观和价值观。第一季的六大选题中就有安徽手工技艺类非遗"歙砚",让观众惊叹于指尖的神奇、作品的精美奇绝,感受到不一样的指尖力量,为中国非遗领域影像的高端作品。该纪录片在国内各大视频网站和Facebook、Twitter等国际网站上线后,引起了国外受众的广泛关注。

与此同时,我们也要看到安徽手工技艺类非遗译介的不足,例如2015年在

央视科教频道播出的《文明密码》栏目之《徽州手工传奇》,内容就囊括了徽墨技艺、歙砚技艺等安徽手工技艺类非遗内容。还有央视纪录频道于2013年11月18日推出的原创纪录片《茶·一片树叶的故事》,该片第四集《他乡,故乡》介绍了安徽手工技艺类非遗祁门红茶的制作工艺。这两部纪录片虽然都制作精良且内容详实,但美中不足是缺少英文字幕,类似的情况还有很多。全方位地加强手工技艺类非遗译介可以从完善这些优秀的非遗纪录片做起,为其添加高质量的英文字幕翻译,这无疑会进一步推动安徽手工技艺类非遗译介的开展。

第四节 本章小结

中华民族和我国现代化进程正处在前所未有的重要发展时期,我们传统的手工技艺在当代应该绽放出与这个时代相一致的光辉,这不仅是传统手工技艺在非遗保护中能够达到的一种境界,同时也是我们对所有非遗的保护应该达到的一种境界,这要靠我们大家的共同努力来实现(王文章,2013)。我们应充分挖掘手工技艺类非遗的实用性特点,在衔接生活、做好手工技艺类非遗活态传承的同时,也应有效利用各种媒介手段,全方位加强手工技艺类非遗的译介,注重从挖掘传统技艺的硬性功能价值向软性功能价值转变,提炼和弘扬传统工艺的人文精神和艺术价值,有效改善手工技艺类非遗的译介效果,从而提高国外受众对凝结在传统手工技艺产品中的文化气息、人文价值的认知,让国外受众在使用这些传统手工艺品的同时,能够体察、领悟和感受到我国优秀传统文化的内涵和人文精神。

本章参考文献

[1] 陈景楠.多模态视角下的纪录片字幕翻译:以《中国文房四宝》英译为例[D].湘潭:湖南科技大学,2017.

[2] 董婷婷.纪录片《中国文房四宝》字幕翻译报告[D].西安:西安外国语大学,2017.

[3] 冯骥才.中国非物质文化遗产百科全书传承人卷[M].北京:中国文联出版社,2015.

[4] 胡敏.用英语讲中国故事:基础级[M].北京:人民出版社,2019.

[5] 胡敏.用英语讲中国故事:提高级[M].北京:人民出版社,2019.

[6] 胡敏.道德经:中英双语诵读版[M].北京:外文出版社,2019.

[7] 华觉明,李劲松.中国百工[M].苏州:古吴轩出版社,2010.

[8] 黄辉,骆媛.芜湖铁画的工艺表现与艺术特征[J].创意设计源,2016(4):26-30.

[9] 贾文波.应用翻译功能论[M].北京:中国对外翻译出版公司,2004.

[10] 江小角,张媛媛.安徽非物质文化遗产[M].合肥:安徽文艺出版社,2015.

[11] 姜欣,宁全.国内茶文化翻译研究十五年:基于CiteSpace的可视化分析[J].南京工程学院学报(社会科学版),2021(2):6-10.

[12] 李涛.铁画艺术文化[M].北京:中国轻工业出版社,2017.

[13] 凌红军,王宏俊.歙砚新考[M].上海:同济大学出版社,2009.

[14] 钱龙,詹凯丽.铁画文化翻译图式研究[J].科技资讯,2014(21):196-198.

[15] 丘富科.中国文化遗产词典[M].北京:文物出版社,2009.

[16] 宋俊华.中国非物质文化遗产保护发展报告:2017[M].北京:社会科学文献出版社,2017.

[17] 孙新建.黄山毛峰茶的采制工艺[J].园艺与种苗,2019(5):29-31.

[18] 王荣才.芜湖铁画保护和发展研究[M].芜湖:安徽师范大学出版社,2017.

[19] 王文章.非物资文化遗产保护研究[M].北京:文化艺术出版社,2013.

[20] 王源.浅谈非物质文化遗产的英译外宣:以茶文化为例[J].福建茶叶,2020(7):349-350.

[21] 吴艳晖.外宣翻译的现状分析与策略研究:以芜湖铁画艺术为例[J].山东农业工程学院学报,2019(5):149-152.

[22] 许志伟,刘贵星.徽墨春秋:在键盘时代致敬千年制作古法[J].环球人文地理,2016(10):94-103.

[23] 杨素梅.每天一堂非遗文化课:传统工艺卷[M].北京:中国华侨出版社,2012.

[24] 曾利沙.从对外宣传翻译原则范畴化看语用翻译系统理论建构[J].外语与外语教学,2007(7):44-46.

[25] 赵自云,唐孝中,占辉斌.传统手工技艺开发价值考证:以祁门红茶制作技艺为例[J].赤峰学院学报(自然科学版),2016(3):38-40.

[26] 张立蓉,孟祥春.对外宣传翻译:译"名"更要译"实" 政治性误译举隅与应对策略[J].苏州科技学院学报(社会科学版),2007(3):132-136.

[27] 中国非遗项目编写组.非物质文化遗产在中国[M].北京:北京语言大学出版社,2017.

[28] 芜湖铁画锻制技艺[EB/OL].https://baike.baidu.com/item/%E8%8A%9C%E6%B9%96%E9%93%81%E7%94%BB%E9%94%BB%E5%88%B6%E6%8A%80%E8%89%BA/3188282.

[29] 宣笔制作技艺[EB/OL]. https://baike.baidu.com/item/%E5%AE%A3%E7%AC%94%E5%88%B6%E4%BD%9C%E6%8A%80%E8%89%BA/5380755?fr=aladdin.

[30] 徽墨制作技艺[EB/OL]. https://baike.baidu.com/item/%E5%BE%BD%E5%A2%A8%E5%88%B6%E4%BD%9C%E6%8A%80%E8%89%BA.

[31] 歙砚制作技艺[EB/OL]. https://baike.baidu.com/item/%E6%AD%99%E7%A0%9A%E5%88%B6%E4%BD%9C%E6%8A%80%E8%89%BA.

[32] 绿茶制作技艺：黄山毛峰[EB/OL]. https://baike.baidu.com/item/%E7%BB%BF%E8%8C%B6%E5%88%B6%E4%BD%9C%E6%8A%80%E8%89%BA%EF%BC%88%E9%BB%84%E5%B1%B1%E6%AF%9B%E5%B3%B0%EF%BC%89.

[33] 红茶制作技艺：祁门红茶[EB/OL]. https://baike.baidu.com/item/%E7%BA%A2%E8%8C%B6%E5%88%B6%E4%BD%9C%E6%8A%80%E8%89%BA%EF%BC%88%E7%A5%81%E9%97%A8%E7%BA%A2%E8%8C%B6%E5%88%B6%E4%BD%9C%E6%8A%80%E8%89%BA%EF%BC%89.

第六章 安徽非遗译介研究的思考与展望

第一节 非遗译介生态研究范式

通过第三章、第四章和第五章对三种不同类别的非遗译介进行分析,我们发现,不同类别的非遗都有其自身的特点,在译介时都各有所侧重,如民间文学类非遗译介时应关注民间文学类非遗译介与文学翻译的差异问题,传统戏剧类非遗译介时应关注戏剧类非遗译介与戏剧翻译的差异问题,传统手工技艺类非遗译介时应关注手工技艺的工艺流程译介问题。针对各类非遗译介时凸显的问题,译者应结合不同类别非遗的特征,选择适当的翻译理论或翻译策略进行译介。

在第一章中,对中国非遗译介研究所做的文献综述表明,研究者们对非遗译介的研究采用了极为多元的视角,涵盖了传播学、生态翻译学、译介学、功能理论、顺应论、修辞学、目的论、关联理论等20多个不同的研究视角,从已发表的采用相关视角进行非遗译介研究的论文数量来看,基于传播学、生态翻译学和译介学理论进行非遗译介研究的论文位居前列。在第二章中,通过对翻译传播学、生态翻译学和译介学等三种不同的理论进行梳理发现,在非遗译介时采用这三种理论都具有高度的适用性。

如翻译传播学研究对象包含的 7 个方面(即翻译的传播主体、翻译的传播内容、翻译的传播媒介、翻译的传播受众、翻译的传播效果、翻译传播的目的及翻译传播的环境),与译介的 5 个要素(即译介的主体、内容、途径、受众以及效果)完全契合,因为译介活动本身就是一种文化的传播行为(魏红、单小艳,2018)。而且,译介学认为文艺作品的译介传播不但可输出民族文化资本、移植文化种子,还有利于建构并推动文学、艺术与文化多元系统的演化,既提升民族文化软实力,又推动世界文化的互动交流(朱义华,2013)。这与非遗译介的文化传播属性不谋而合。与此同时,译介学理论的针对性和阐释的有效性突出地体现为:对翻译实践的历史文化效应的描述性研究,对文本之外的译者主体及其文化身份与立场的关注,对翻译策略及其文化语境间关联性的关注,对文学性文本与非文学性(科技、信息类)文本之区分的关注,等等(宋炳辉,2018)。这同样也是非遗译介研究所关注的重点问题。

而生态翻译学理论则利用作为人类行为的翻译活动与"求存择优"的自然法则之间的关联性和共通性,以达尔文生物进化论中的"适应/选择"学说为指导,探讨"翻译生态环境"中译者适应与选择行为的相互关系、相互机理、基本特征和规律,从"适应"与"选择"的视角对翻译的本质、过程、标准、原则和方法等做出新的描述和解释,论证和构建了一个以译者为中心的"翻译适应选择论"。在"翻译即适应与选择"的主题概念之下,该理论将"译者为中心"的理念明确地体现在翻译的定义之中——翻译是"译者适应翻译生态环境的选择活动"。"翻译生态环境"是原文、源语和译语所呈现的"世界",即语言、交际、文化、社会以及作者、读者、委托者等互联互动的整体。同时,该理论运用"适者生存"的自然法则,提出并论证了翻译过程中译者的中心地位和译者主导作用,以及译者"自我适应"的适应机制和"事后追惩"的制约机制(胡庚申,2008)。

胡庚申在谈到生态翻译学的基础理论"翻译适应选择论"的研究目的时指出,"在于试图找到一种既具有普适的哲学理据,又符合翻译基本规律的译论范式"(胡庚申,2004)。孟凡君在《论生态翻译学在中西翻译研究中的学术定位》一文中指出,所谓翻译研究的"语言学转向","实际上是从语言的视域对翻译进行探究的一种范式……生态翻译学研究的范式,展示了翻译研究最大的探究视域"(孟凡君,2019)。同时,他还画出了翻译活动与相关因素视域图来展示翻译与相关要素的所属关系,如图 6.1 所示(孟凡君,2019)。

通过这个视域图可以看到,翻译研究的生态学视域不仅展示了翻译研究的

图 6.1 翻译活动与相关因素视域图

崭新视角,而且展示了涵盖翻译研究的语言学视域、文化学视域、社会学视域和人类学视域的广大领域。此视域之广,是当前西方翻译研究的各种范式所未能企及的(孟凡君,2019)。

在研究安徽非遗译介的过程中,鉴于不同类别非遗的特点,笔者也一直试图探寻一种既具有普适性的哲学理据,又符合翻译基本规律的译论范式,生态翻译学理论无疑为这种译论范式构建的可行性提供了坚实的理论基础,从宏观、中观、微观三个层面,对译学架构、理论体系建设和文本操作都具有极为重要的指导意义。以生态翻译学理论为基础,融合翻译传播学理论和译介学理论,笔者构建了非遗译介生态模型,如图 6.2 所示。

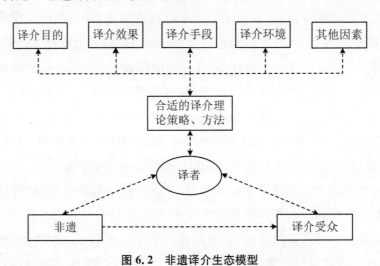

图 6.2 非遗译介生态模型

首先,该模型强调了译者的中心地位。作为译介信息的收集者、加工者和处理者,译者在译介活动中起着决定性的作用,是整个译介活动至关重要的环节。在进行非遗译介时,一方面,译者要竭力了解非遗的特点,深刻领悟非遗所承载的文化内涵;另一方面,译者也要努力地贴近译介受众,尽量明确译介受众群体的特点、期待和需求。不仅如此,译者还要综合考虑各种影响译介活动的要素,如译介目的(知晓的目的、娱乐的目的、学习的目的等)、译介效果(对社会产生的效果、对个体产生的效果等)、译介手段(传统手段、网络手段等)、译介环境(政治环境、人文环境、经济环境等),经过了慎重的研判之后,译者方可采取恰当的译介策略或方法。值得注意的是,由于非遗多类别、多模态的特点,使得非遗呈现出多种译介模式,并非一定是基于传统传播学模式演化而来的以"译介主体""译介内容""译介途径""译介受众""译介效果"五大要素为主的译介模式。例如,传统舞蹈、传统美术等非遗类别,可以通过直接的展示或演示呈现给国外受众。

其次,该模型体现了译介各个环节的动态性特征。在模型中,所有要素之间的连线都用虚线,以此表示各个要素之间处于不断变化的动态过程中,如译者对于非遗的理解是不断加深的,对于译介受众的期待和需求的认识也是不断更新的,而译介目的、译介效果、译介手段、译介环境等影响要素也会因非遗和译介受众的不同而变化,译者所选择的译介策略和方法自然也就不同。因此,整个非遗译介生态系统是一个动态的、不断发展变化的系统。

此外,该模型体现了译介生态系统多具有的整体的、关联的"生态理性"。在模型的各要素之间,除了从非遗到译介受众用单向箭头表示之外,其他相关要素之间均用双向箭头表示,这是因为,译者的译介行为会反过来影响非遗,如果是积极的影响会促进非遗的活态传承,如果是消极的影响则会阻碍非遗的传播。同样,译介受众的期待和需求也会反过来影响译者,进而影响译者所采取的译介策略和方法,然后又进一步影响译介手段、译介效果等要素。所以,在非遗译介生态系统中,各个要素是相互关联、相互影响的有机统一体。

第二节　安徽非遗译介策略

一、强化译者主体意识

译者在译介生态系统中处于中心位置,是译介过程得以顺利完成的主体,是实现译介目的的桥梁。为了更好地搭建翻译这座连接两种文化的桥梁，译者首先应明确源语和译入语各自的性质及其差异，并设法化解两种语言在风格、逻辑和文化间的差异（吴克炎，2011）。由于非物质文化遗产的形式多样，不仅有涉及语言文字的民间文学，也有手工技艺、体育游艺、节庆礼仪等非语言形式，不论哪种形式都承载着丰富的文化内涵。这就要求译者必须要深刻地领会两种文化的异同，全面地把握源语文化的要义，充分地考虑目的语受众的理解需求。不能机械地照搬文学翻译或科技翻译的模式，应在保留源语文化特色的同时，尽可能地贴近目的语读者的思维习惯和心理特征，努力做到著名翻译专家黄友义提出的"外宣三贴近原则"，即"贴近中国发展的实际，贴近国外受众对中国信息的需求，贴近国外受众的习惯"（黄友义，2004）。例如，将黄梅戏著名选段"天仙配"译为"marriage to fairy"，将"比翼双飞在人间"译为"flying side by side in the human world"（朱忠焰，2016），其中的"fairy"和"side by side"的翻译，既贴近了国外受众的思维习惯，很容易被他们接受，又充分考虑了中英表达的文化差异，从而达到了非遗译介的目的。

非物质文化（或称无形文化）有别于物质文化的鲜明特点之一在于它的可共享性（刘魁立，2010）。因此，作为译介主体的译者必须认清这种可共享性。非遗译介的目的是为了让国外受众更真切地理解并感受非遗所蕴含的独特文化，因此译者在译介的过程中，应仔细地揣摩国外受众的心理模式，始终要兼顾他们的思维习惯去翻译，在翻译过程中切勿逐字逐句地翻译，而要敢于在充分理解原文的基础上进行适当的编译。黄忠廉认为"编译是在特定情境下符合受众接受的特定需求而生的策略，凸显了原作的使用价值，主要包括改写（rewriting）、增补（amplification）、删减（omission）、措辞（diction）和类比（analogy）等方面"（毛巧晖，2012）。例如，黄梅戏《女驸马》中的选段，将"为了多情的李公子，夫妻恩爱花好月儿圆"译为"For the sake of Mr. Li's passionate love, I wish you couple meet soon and enjoy your love."汉语中"花好月圆"常用来比喻美好圆满的生活，但在英语中要表达同样的意境却不用 flower 和 moon 这样的词汇，因此在翻译此句时，可以果断地采用删减的方式处理（苏涛、黄焰结，2019）。

二、重视跨专业合作交流

非遗译介研究经过十多年的发展已逐渐成为译界研究的一大热点问题,毫无疑问,译者在其中起着不可忽视的作用。但是要跨越语言和文化的藩篱,仅仅依靠译者的努力是不够的。徽学研究者同样应当成为徽州文化对外推介的重要主体(牛津,2020)。牛津在《徽州文化意象的整体建构与对外传播》一文中举过这样一个例子:在安徽省博物院的展馆中,有一处徽州古民居的仿景,其中展示了徽州特有的一项平面布局方式——"四水归堂"。通过这项设计,屋顶内侧坡的雨水得以从四面流入天井,于是唤作"四水归堂"。英文介绍用的是"the raining water merges into the hall",意为雨水会集中到厅堂这里。事实上,这背后还关乎徽州文化中"水"的意象范畴,"水"在徽州文化中有"财富"之意,"四水归堂"有"汇集四方财富"的寓意。如果只是单纯的天井,就并非徽州所独有,然而将建筑技艺和"水气即财气"的风水观念等相结合,并提出"四水归堂"这一专门说法,这才是徽州文化意象得以体现的关键。但是在现有的英文译文中,这一文化意象是被忽视的。对于这一点,纯粹的语言翻译者未必熟悉,但对徽学研究者而言,这却是最基本的学术常识。牛津举的这个例子非常典型,一方面强调了徽州文化的对外推介需要译者和徽学研究者的共同努力,另一方面也说明译者需要不断地提升自己的职业素养。与此同时,我们也应注意到,每年立项的各级各类课题中,均有很多来自不同专业的研究者从事与安徽非遗相关的研究。这些研究者结合自己的专业背景,选择相应的视角对安徽非遗开展研究。其实,通过对这些立项课题进行梳理和深入的了解,我们发现,很多相关研究可以共享各自所收集的各类资料,可以避免同质的重复研究。如果能加强跨专业之间的合作交流,可以有效地拓展非遗研究的广度,增加非遗研究的深度,丰富非遗研究的手段,从而促进非遗的保护、传承和传播。

三、丰富非遗译介途径

传统的译介材料通常以纸质静态文字的形式呈现出来,与此不同,非遗形式的多样性决定了非遗的有效传播途径是文字说明结合其他的动态表现形式。如安徽的国家级非遗中既有以文字形式承载的黄梅戏、泗州戏、庐剧等传统戏曲,又有无需借助文字传播的芜湖铁画锻制、界首彩陶烧制等传统手工技艺。如果仅通过译文一种形式,显然无法让国外受众全面、直观地体验到安徽的非遗特色,但如果在译文的基础上,配以图片、动画、视频、音效、展示等其他表现手段,相信外国受众会更容易接受这些非遗文化。通过笔者的实地走访,发现"互联网+"的手段在安徽省非遗保护领域已广泛应用,如各地市的博物馆已普遍通过各种音效、灯光、动画、影片等形式记录和展现其独具特色的当地非遗。但是,在非遗的译介方面,这些形式却利用得非常有限。虽然某些官方非遗网站上已上传了一些影像资料,然而,国外受众在点击后却不知所云,究其原因,是我们还没有足够地重视非遗的对外传播。其实,只需要在已有视频的基础上,插入必要的英文字幕或者英文解说词,译介的效果就会得到极大的改善。借助"互联网+"的手段,可以在很大程度上丰富已有的翻译途径,通过微信平台、微博或者其他互联网途径可以第一时间推送各类非遗资料,将非遗、译者、受众有机地融合成一个多维立体的系统,而且不受时间、空间的影响。在这一过程中,非遗的主管单位、各类社会组织、企业及个人都可以参与其中,还可以借助一些已有的翻译软件,让国外受众在浏览非遗内容时就可以获得即时的翻译内容,这些都会大大加快非遗对外宣传的速率。

此外,还可以将非遗译介的典型案例引入到英语专业的翻译课堂中,循序渐进地将文化知识、翻译知识的讲授与翻译实践相结合,逐步培养专业学生的文化自觉意识,最终使学生形成正确的翻译思路,掌握必要的翻译方法,懂得运用所学的知识和技能完成文化交流和传播的任务。有针对性地把非遗译介引入高校英语专业的翻译教学,有助于学生以非遗资源作为范本提高专业语言技能,让非遗通过语言这一媒介走出去,实现对外交流。非遗的翻译重在实践(邱夏子,2018)。

四、贴近非遗译介受众

非遗译介的根本目的是将非遗独特的文化魅力传播给国外受众,所以对受众的研究也是非遗译介研究的重要一环。由于国外受众所在国家的历史文化、风俗习惯、思维方式等都与我们民族迥异,很难让他们在接触到我国非遗的第一时间就欣然接受。为了实现文化传播的终极目标,在国外受众正式接受我国的非遗项目之前,可以根据不同非遗的具体特色,适当地设计一些非遗的环节,让国外受众参与体验。通过切身的体验,必将加深对相应非遗项目的理解,逐步形成对非遗项目的文化认同感,最终对非遗所传递的文化信息产生共鸣,实现跨文化交际和非遗传播的目的。例如,对于安徽省国家级非物质文化遗产之一的凤阳花鼓,就可以根据曲艺形式的特点,首先向国外受众做一个直观的展示,通过展示将凤阳花鼓的舞步、花势、演唱等特色技巧活灵活现地展现给国外受众,由于凤阳花鼓的形式活泼多样、气氛热烈欢快,很容易让国外受众深受感染,进而对凤阳花鼓产生浓厚的兴趣。然后设计一些简单的舞步,通过视频演示和现场指导的方式让国外受众轻松地参与其中,增加对凤阳花鼓良好的体验。与此同时,将国外受众学习、参与、表演的过程录制成一个小的视频,并在视频中增加对凤阳花鼓和国外受众表演片段的英文介绍,最后将视频推送给国外受众留作纪念。在征得外国友人的同意后,还可以将这些视频上传至安徽省非遗网站,丰富非遗宣传推广的素材。

此外,文化认同感的培养是一个循序渐进的过程,绝非一朝一夕之功。非遗承载的是中国优秀的传统文化,是人类共有的精神财富,具备在不同民族之间广泛推广的前提。所以,非遗的译介还可以借鉴《花木兰》在海外推广的模式,将部分非遗民间文学类的作品以英文卡通读物的形式进行海外推广,从小就开始培养国外受众的文化认同感,在国外受众中广泛地播撒中国非遗的种子,等到这些种子开花之日,便能更好地达到非遗外宣的目的。除了《花木兰》之外,类似的成功案例还有很多,例如,近年来由美国的 Little Fox 制作的英语动画版《西游记》,就受到很多国外小朋友的喜爱。这部动画片共 108 集,每集 5—7 分钟,不仅视频画质高清,故事完整性高,而且剧中对于各种名词的翻译,也被国内很多译学爱好者津津乐道。比如,"金箍棒"被译为"the Iron Pillar","紧箍咒"被译为"the Tight Headband Spell","白骨精"被译为"Lady Whitebone",各种"天王、将军"都统统被译为"captain"。这种译介的方式,显然更贴近国外受众的认知。《西游记》中有他们喜闻乐见的名词,这正是这部动画片备受欢迎的重要原因之一。因此,安徽非遗的译介也完全可以参照类似的推广模式,选取有代表性的文化元素,在保留非遗特色的同时,兼顾国外受众的理解,然后通过多模态的展现手段呈现给国外受众,相信安徽非遗会取得更好的译介效果。

本章参考文献

[1] 黄友义.坚持"外宣三贴近"原则,处理好外宣翻译中的难点问题[J].中国翻译,2004(6):27-28.

[2] 胡庚申.生态翻译学解读[J].中国翻译,2008(6):11-15.

[3] 胡庚申.生态翻译学的研究焦点与理论视角[J].中国翻译,2011(2):5-9.

[4] 胡庚申.翻译适应选择论[M].武汉:湖北教育出版社,2004.

[5] 刘魁立.非物质文化遗产的共享性本真性与人类文化多样性发展[J].山东社会科学,2010(3):24-27.

[6] 毛巧晖.非物质文化遗产视域下的民族传统文化的保护与发展:以海南黎族苗族"三月三"节为例[J].文化遗产,2012(4):123-126.

[7] 孟凡君.论生态翻译学在中西翻译研究中的学术定位[J].中国翻译,2019(4):42-49.

[8] 牛津.徽州文化意象的整体建构与对外传播[J].学术界,2020(10):161-169.

[9] 邱夏子.试析非物质文化遗产翻译与英语教学[J].吉林广播电视大学学报,2018(11):79-81.

[10] 宋炳辉.译介学理论发生语境及其多学科意义刍议[J].当代外语研究,2018(2):68-70.

[11] 魏红,单小艳.译介学视角下非物质文化遗产外宣翻译研究[J].教育教学论坛,2018(32):4-5.

[12] 吴克炎.中国非物质文化遗产的翻译与读者认同:以中国首部汉英双语版非物质文化遗产名录为例[J].漳州师范学院学报(哲学社科版),2011(2):133-138.

[13] 朱义华.非物质文化遗产吴歌保护与传承的译介学探索进路研究[J].江南大学学报(人文社会科学版),2013(5):122-128.

[14] 朱忠焰.黄梅经典唱段:汉英对照本[M].上海:复旦大学出版社,2016.

附　录

附录一　《宣纸传统制作技艺》译介文本

宣纸传统制作技艺

　　练习中国书法的人，书桌上往往都备有一套笔墨纸砚，它们是书法和绘画不可或缺的工具，被称作"文房四宝"。最有名的文房四宝分别是湖笔、徽墨、宣纸和端砚。其中，宣纸因原产于安徽宣城而得名。宣纸质地绵软坚韧，吸水性极好，能够完美表现墨色的轻重浓淡，并且耐存放、不褪色，是中国造纸技艺最高水准的体现。

　　宣纸的产地在安徽泾县，当地盛产一种叫青檀的乔木，它的树皮加上沙田土壤里出产的稻草就成为宣纸独特的制作原料。工人们把风干蒸煮后的原料挑到石滩上摊开晾晒，宣纸的生命之旅就此开始。

　　宣纸制作中，捞纸是技术难度较高的一个步骤。工人们需要互相配合，把竹帘伸进纸浆里，轻轻一抄，反手一扣，湿漉漉的宣纸便脱帘而出。捞纸时的震荡力度决定了纸的厚薄程度。捞出来的宣纸控水后便会放进焙房烘干，再经过裁剪和检查才能离开厂房。

从原料到成品,一张薄薄的宣纸,制作前后需要108道工序,因此,它承载的不只是书画家的艺术灵感,还有造纸者的智慧。

Traditional Handicrafts of Making Xuan Paper

People who practice calligraphy often have writing brushes, ink sticks, papers and ink stones on their desks. They are the indispensable tools for handwriting and Chinese painting, and are also known as "the four precious articles of the writing desk". The most famous articles used for the handwriting and Chinese painting are writing brush produced in Huzhou, inkstick produced in Huizhou, Xuan paper and ink-slab made in Duanxi, among which the Xuan paper or Xuanzhi got its name because of its original place Xuancheng, Anhui Province. The paper is both soft and tough with good water-absorbing quality. It can perfectly show the depth of the ink color, and can be kept for a long time without color fading. It epitomizes the highest skill of Chinese paper-making.

Xuan paper is made in Jing County, Anhui Province, where grows a kind of arbor called wingceltis. The tree bark of this plant, together with the straws produced in the tidal land, makes the unique raw material for the Xuan paper. After air drying and stewing, the materials are taken to the rock patch, and so begins the journey of the Xuan paper.

During the whole making process, paper vatting is a step of higher difficulties. Workers cooperate with each other, put the bamboo screen into the paper pulp, gently take it up and buckle backhand, and so a thin Xuan paper comes out of the screen. The strength of shocking in paper vatting establishes the thickness of the paper. After water control, the Xuan paper taken out will be sent into the baking room for drying, and it can be sent out of the workshop only after being cut into certain shape and checked.

There are totally 108 steps in making those raw materials into a thin piece of Xuan paper, therefore, it carries not only the artistic inspirations of calligraphers and painters, but also the wisdom of the paper makers.

(节选自《非物质文化遗产在中国》)

【点评】

  这篇译介短文节选自中国非遗项目编写组于 2017 年出版的《非物质文化遗产在中国》一书,本篇"宣纸传统制作技艺"被编入该书的第一编"古代科技"。这篇短文提纲挈领地介绍了"宣纸"名称的由来、宣纸的特点、宣纸的制作原料和宣纸最重要的制作工序——捞纸。原文除了文字介绍之外,还配以图片,图文并茂地向读者译介了"宣纸制作技艺"这一首批入选国家级非遗名录的传统手工技艺。

附录二 《花木兰》译介文本

花 木 兰

人物表:花木兰、父亲、母亲、姐姐、阿弟、士兵甲、士兵乙、士兵丙、天子、路人甲、路人乙。

【第一幕】

画外音:在南北朝时期,北方的乡村里,有一位姑娘,名为花木兰。她的父亲曾是军人,常教她练武、骑马。因此木兰 15 岁时就精通武艺,丝毫不逊于男孩。

【第一场】

木兰家中

(父亲和母亲小声交谈,眉头紧锁,唉声叹气。木兰持剑上)

木兰:爹,娘,我回来了。

父亲:木兰,又去练剑了?

木兰:嗯,爹爹,上次你教我的剑招我还不熟悉,能不能再给我演示一下?

父亲:改日吧,你先去同姐姐玩。

木兰:(察觉不对)爹,家里出了什么事吗?你和娘亲怎么看起来愁容满面的?

父亲:唉……(叹气)

母亲:这世道不太平,连年战乱。眼下朝廷又要征兵,军书上有你爹爹的名字。可是你爹不如当年了,疾病缠身,早已不能上阵杀敌。咱家又没有年龄合适的男丁替他前去,这可如何是好?

木兰:这……弟弟还年幼,我和姐姐是女儿身,不能参军入伍。难道爹一把年纪了,还要去战场吗?

父亲:你和她讲这些有什么用?军令不可违抗,我这一去怕是不会再回来了。

木兰:(悲从中来)爹爹!

母亲:别说这丧气话!

父亲:木兰,你先去吧,我再同你娘商议商议。

木兰:嗯。

【第二场】

木兰家中庭院

(木兰坐在一旁绣花,姐姐给兔子喂食。木兰心不在焉,屡屡绣错)

木兰:哎呀,又错了。

姐姐:(瞧了木兰一眼)妹妹,你今天怎么了?

木兰:(沉吟了一会儿)没什么。

姐姐:没精神就别绣了,来,跟我一块儿喂兔子。你看这小兔子多可爱。

木兰:(走近)是啊。

姐姐:(来了兴致)估计这只明年就能生下几只兔宝宝了。

木兰:姐姐,你怎么知道这只是母兔?我就看不出来。

姐姐:这两只兔子,一公一母。我天天喂它们,自然分得出来。不过,单从外观上看,别人可发现不了它们的差别。

木兰:分不出差别……(沉思)

(木兰喃喃自语,走进屋里去)

姐姐:(疑惑)木兰?

【第三场】

木兰房中

(木兰在房中踱步,自语)

木兰:(独白)两只兔子在地上走时,谁也分不出它们的公母。我若女扮男装,想必也没人能看出我是女子,我会武艺,年纪又合适,可否代替爹爹上阵打仗呢?只是战场十分危险,稍不留神,便有性命之忧。而且万一被发现女儿身份,不知会被怎样惩处……唉,这想法实在荒谬,却是唯一的法子了,若不这么做,爹爹怕是要命丧战场了!

姐姐:(进门)木兰,你怎么啦?今天怎么奇奇怪怪的?

木兰:姐姐(迟疑片刻)……你觉得我武艺如何?

姐姐:(惊讶)木兰,你武艺超群,自不必说,乡里的男孩们也不是你的对手。

木兰:姐姐,朝廷征兵,军书上有爹的名字,但爹年纪已大,早已不能打仗了,爹娘都在为此发愁呢。

姐姐:什么?那怎么办?(一怔)木兰,你该不会是想……

木兰:我想代父从军。

姐姐:木兰,不要胡闹!只有男子才能应征入伍,你一个女子怎么参军?

木兰:只要女扮男装,谁又能看出我是女儿身呢?

姐姐:可是,木兰,战场凶险……

木兰:爹爹疾病缠身,若要前去,必然凶多吉少,咱家又没有合适的男丁。我虽为女儿身,亦有报国之志,武艺也不弱于男子,为何不能应征入伍?

姐姐:木兰……你真的想好了吗?

木兰:我心意已决。事到如今,想让爹爹安然无恙,再也没有别的办法了。

姐姐:(眼圈发红)好吧,我不拦着你,但你一定要平安地回来。

木兰:姐姐,你放心,我明日到集市上去买骏马、鞍鞯、盔甲和武器,装备齐全就出发。我有武艺在身,常人奈何不了我。

姐姐:好,木兰你记住:走路时,步伐要大;说话时,声音要粗;在人前要昂首挺胸,显示出男子气概,万不可把小女儿的姿态显露出来。

木兰:我明白,只有一点麻烦,就是爹娘担心我,绝不会同意我前去参军。姐姐,你要为我守住这个秘密。我会留下书信一封,等我走了,你再交给他们。

【第二幕】

【第一场】

木兰家门口

画外音: 木兰离家赶赴战场,仅留下一封书信,向父母解释原委。当父母看到这封信时,她早已策马奔驰在遥远的山路上了。

姐姐: 爹,娘。木兰去参军了,她让我把这封信交给你们。

父亲: (惊讶地接过信)什么? 她……

(木兰父母读完信)

父亲: 这丫头竟然不同我们商量,就做出如此大胆的事来! 我看她是不知道战场有多险恶!

母亲: (流泪)上苍保佑,她千万不要出什么事。

姐姐: 爹,你别生气,妹妹是想为您分忧啊。

父亲: (沉默良久)难为她如此孝心。唉,我只希望她早日平安归家。

【第二场】

军 营

画外音: 木兰辞别家人后,日夜策马奔向战场。穿越重山,夜宿黄河,耳听燕山胡马嘶鸣,终于抵达了军营。木兰训练时不畏辛苦,阵前英勇杀敌,获得了士兵们的赞赏。

(木兰、士兵甲、士兵乙、士兵丙上,几人列队操练)

士兵甲: (低声)累死了,真想喝口水。

木兰: 再坚持会儿就好了,训练好了才能打胜仗!

士兵甲: 这位兄弟,你可真厉害,练了这么半天还有的是劲儿。

士兵乙: 是啊,看不出来,你这么小的个子,耐力倒好。

木兰: 我自幼随父亲习武,身体好一些。

士兵丙: 原来如此。

画外音: 你们那边,在磨蹭什么,快点!

(几人立刻站直,动作加快)

【第三场】

军 营

画外音： 木兰因武艺高强，有勇有谋，被提拔为将领。她带领士兵们齐心合力，奋勇杀敌，战功卓著。

木兰： 今天这场仗胜了，最后的胜利就指日可待了！大家加把劲儿，提起精神来，到时候凯旋，再摆酒庆祝！

众士兵： 全凭花将军调遣！

木兰： 敌军狡诈，战术多变，尽管我军连连告捷，也万不可掉以轻心！

众士兵： 遵命！

（战场上两军对垒，士气高涨）

敌军将军： 冲啊！

木兰： 弟兄们，冲啊！

（两方交战。木兰的军队大胜，众人欢呼）

木兰： 这一仗打得漂亮！大家辛苦了！

士兵乙： 仰仗花将军英勇善战，率军有方！

士兵丙： 将军不仅武艺高强，还颇有谋略，我们都佩服得五体投地。

木兰： 今天能打赢这一仗，是弟兄们的功劳，各位不必谦让。时候不早，大家早点休息，养精蓄锐吧。

【第三幕】

【第一场】

朝 堂

画外音： 木兰和她的士兵们经过多年征战，终于击退敌人，获得了胜利。这一日，木兰率军回返，在朝堂上拜见天子。

（天子高坐朝堂，木兰身披甲胄，俯首下拜）

天子： 此次大捷，诸位爱卿功不可没。花将军，你的功劳最大，朕封你高官厚爵，如何？

木兰： 启禀陛下，臣无意做官，也不爱爵位。

天子： 那朕赐你金银财宝，你意下如何？

木兰： 陛下，臣自入伍参军，在边疆征战十年，才终于凯旋。而臣的家中，尚有年迈父母、长姐、阿弟。这十年里,臣与家人无法往来书信,音讯隔绝。功名利禄都是过眼云烟,唯有亲情是永恒的。臣日夜思念着家乡,只求陛下恩准,令臣回家与亲人团聚。

天子:爱卿的孝心和一片真情,实在动人。朕准你即日骑千里马返回家乡,另赐你黄金千两,补贴家用。

木兰:谢陛下隆恩。

【第二场】

木兰家乡城门外

(路人甲、路人乙、父亲、母亲上)

路人甲:听说有位花将军,打了胜仗,今日衣锦还乡了!

路人乙:(向父亲)花将军,莫非是您家的儿子?

父亲:(骄傲地)是我的女儿,今天她终于要回来了。

路人甲/乙:(惊讶)女儿?

母亲:(不住张望)这都午时了,怎么连人影也没见到?

(姐姐走上)

姐姐:妹妹还没到吧?娘,你看我这条裙子好看吗?

母亲:你这孩子,今天是迎木兰回家,你精心打扮做甚?

姐姐:(顽皮地)妹妹成了大将军,我这做姐姐的当然要体面些。

父亲:你弟弟呢,怎么不见人影?

(阿弟匆匆跑上)

阿弟:爹,我来了!

父亲:你又去做什么了?

阿弟:我忙着杀猪宰羊,准备阿姐的接风宴呀。

(木兰上)

母亲:那是木兰吗?木兰,木兰!

姐姐:(挥手)木兰,这儿!

木兰:爹、娘、阿姐、阿弟,我回来了!这么多年我天天想着你们,你们都还好吗?

(看着阿弟,喜上眉梢)瞧,阿弟都长成大人了。

阿弟:阿姐,你当上了大将军,荣归故里,真风光!

母亲:(摸着女儿的脸)木兰呀,你瘦了不少,也黑了。

木兰:娘,整日在战场风吹日晒,当然比不得在家中。

父亲:(缓缓走上前来)战场凶险,木兰,你能平安回来,太好了,太好了。

【第三场】

木兰家门口

画外音:木兰回到家,一切如昨,只是陈旧了些。木兰换下了常年伴随自己征战的战袍铠甲,换上长裙,梳妆打扮,披下长发,这才盈盈而出。

(士兵甲、士兵乙和士兵丙互相挤搡着,朝木兰家中张望)

士兵甲:你们听没听见,他们说将军是个女子。

士兵丙:这怎么可能,莫不是谣传罢? 将军武艺超出众人,大有男儿气概,怎么会是女子呢?

士兵乙:是真的,我也听见乡邻说,花将军本名木兰,是花家的女儿。当年她是女扮男装,替父从军的。

(木兰款款而上)

士兵甲:花将军,我们来看您了!

(木兰走近)

木兰:仗已打完了,你们也不必叫我将军了。大家都是平辈,就以朋友相称,叫我木兰吧。

士兵丙:(目瞪口呆)将军……不,木兰姑娘,你真是个女子?

士兵乙:(笑)木兰姑娘一介女子,却比我们这些男子强得多,当真是巾帼不让须眉。只是我们有眼无珠,同行征战十余年,竟从未发觉!

士兵甲:想不到我们花将军是这样貌美的姑娘。

木兰:各位别说笑了,我是想替父分忧,才不得不女扮男装,瞒过各位。我家中正摆接风酒,大家来一同饮个痛快罢!

士兵甲/乙/丙:好!

Hua Mulan

Characters: Hua Mulan, Father, Mother, Sister, Brother, Soldier A, Soldier B, Soldier C, Emperor, Passerby A, Passerby B.

[Act Ⅰ]

Voice-over: In the Northern and Southern Dynasties, in the northern village, there was a girl, called Hua Mulan. Her father was a soldier, and often taught her martial arts and riding. So Mulan was proficient in martial arts when she was fifteen years old, even better than the boys.

[Scene 1]

Mulan's Home

(Father and mother discuss secretly, and sigh with sad emotion. Enters Mulan with a sword)

Mulan: Father, Mother, I'm back.

Father: Mulan, play fencing again?

Mulan: Yes, Father. I m not familiar with the fencing trick you taught me last time, can you show me one more time?

Father: Maybe next day, go to play with your sister.

Mulan: Father, what happened? Why do you and Mother look so anxious?

Father: Hey…

Mother: This world is not peaceful, and wars are coming year after year. Now the court has military conscription, and the books have your father's name. But your father is not as strong as before, the disease ridden, unable to battle the enemies. We do not have the right man in place of him, how do we deal with this?

Mulan: This… Brother is still young, my sister and I are women, can not join the army. Is Father going to the battlefield with the old age?

Father: It's no use to tell her. Military orders can not be defied. I am afraid not to come back again.

Mulan: Dad!

Mother: Do not say that!

Father: Mulan, just go. I will discuss with your mother again.

Mulan: En.

[Scene 2]

Courtyard of Mulan's House

(*Mulan is sitting and embroidering, while her elder sister is feeding the rabbits. Mulan is making mistakes for the embroidery being absent minded*)

Mulan: Oh, it's wrong again.

Sister: What happened to you?

Mulan: Nothing.

Sister: Just come to feed the rabbits. Look, they are so cute.

Mulan: Yes.

Sister: Maybe there will be several baby rabbits next year.

Mulan: Sister, how do you know it's a mother rabbit? I can't distinguish.

Sister: The two rabbits, one male and one female. I feed them every day, naturally distinguish them. However, others can not find their differences just from the appearance.

Mulan: Can not tell the differences…

(*Mulan says something to herself, and then enters the room*)

Sister: Mulan?

[Scene 3]

Room of Mulan

(*Mulan is wandering, thinking and saying something to herself in her room*)

Mulan: Two rabbits walking on the ground, no one can tell which is male or female. If I disguised as a man, presumably no one can tell if I am a woman. I was good at martial arts with a proper age. Can I replace Father to fight battles? But the battlefield is very dangerous, and there will be the loss of life with a little carelessness. And if I was found female, how will the punishment be? Oh, this idea is ridiculous, but it is the only way, if I do not do, daddy will lose life on battlefield!

Sister: Mulan, what's wrong with you today?

Mulan: Sister… What do you think of my martial arts?

Sister: (surprised) Mulan, your martial arts are superior, even the boys in the village are not your opponents.

Mulan: Sister, the court has military conscription, and the books have our father's name, but Father is old, unable to fight. Father and Mother are worried about it.

Sister: What? How about that? Mulan, you want to…

Mulan: I want to go in place of Father.

Sister: Mulan, come on! Only a man can enlist in the army, how can you join?

Mulan: As long as I disguise as a man, who can tell if I am a woman?

Sister: However, Mulan, battlefield is dangerous…

Mulan: Father is disease ridden, if to go, more unfortunate. And we do not have the proper man to replace. Although I am a woman, also have national aspirations, and my martial arts is not weaker than men, why can't I join?

Sister: Mulan… You sure?

Mulan: I have decided. There is no other way to make Father safe.

Sister: Okay, it's up to you, but make sure you will be back safely.

Mulan: Sister, don't worry. I will go to the market tomorrow to buy horses, saddle whip, armor and weapons, fully equipped to departure, I have martial arts, and I'm not afraid of the ordinary people.

Sister: Good. Mulan, remember: when walking, the pace should be large; when speaking, the sound should be thick; in front of people, walk with your back straight and your head held erect, showing manhood, never show the little daughter's posture.

Mulan: I know Father and Mother will worry about me, and not agree with me to join the army. Sister, you have to keep this secret for me, I will leave a letter, after I leave, you give them.

[Act Ⅱ]

[Scene 1]

Entrance of Mulan's Home

Voice-over: Mulan left home to the battlefield, leaving only a letter to the parents to explain the whole story. When the parents see this letter, she has been riding a horse in the distant mountain.

Sister: Father and Mother. Mulan has joined the army, and she asked me to give you this letter.

Father: What? She…

(*Mulan's parents are reading the letter*)

Father: This girl makes such a bold thing without our discussion! She does not know how dangerous the battlefield is!

Mother: God bless, there will be nothing.

Sister: Father, don't be angry. My sister just wants to share your worries.

Father: So filial piety. I only hope that she will return home earlier.

[Scene 2]

Military Camp

Voice-over: After leaving the family, Mulan rides toward the battlefield day and night. Riding through the mountains, sleeping along the Yellow River, listening to horses screaming in Yanshan, finally Mulan arrived at the barracks. Mulan was working hard, fighting the enemy heroically, and won the appreciation of the soldiers.

(*Enter Mulan, Soldier A, Soldier B, Soldier C. They are ranking*)

Soldier A: Exhausted, I really want to drink some water.

Mulan: Hold on more, and only by training can we win the battle!

Soldier A: This brother, you are great, practiced for so long still powerful.

Soldier B: Yeah, amazing, you look so small but have a good endurance.

Mulan: I began to learn martial arts from my father when I was young. So have a better body.

Soldier C: So it is.

Voice-over: What are you doing there? Hurry up!

(*They are lining up and speeding up immediately*)

[Scene 3]

Military Camp

Voice-over: Mulan was promoted to general for her great martial arts and courage. She led the soldiers together, to courageously killed the enemy, so had outstanding exploits.

Mulan: Today, we win this battle, and the last victory is just around the corner! We put more effort, keep high spirit, and when triumphant back to the court, drink wine to celebrate!

Soldiers: By General Hua.

Mulan: The enemy is cunning, tactically changeable, even though our army has won repeatedly victory, we can not take it lightly!

Soldiers: Yes, sir!

(*Two groups of army confronting each other with exciting morale*)

Enemy general: Go forward!

(*They are fighting. Army of Mulan wins, and they are all excited*)

Mulan: This battle is pretty! Thanks to everyone.

Soldier B: Thanks to the general's heroic fighting, leading his army!

Soldier C: General not only has great martial arts, but also has great strategy, and we all admire you completely.

Mulan: Today we can win this battle to the credit of all you guys, and do not be modest. Time is not early, and we all take a rest early, saying your energy.

[Act Ⅲ]

[Scene 1]

Palace of King

Voice-over: After years of fighting, Mulan and her soldiers finally repulsed the enemy, won the victory. This day, Mulan led his troops to return, to meet the emperor in the hall.

Emperor: You created this victory. General Hua, your credit is the largest, and I award you senior officials?

Mulan: Thanks, Your Majesty, I have no intention to be officials also dislike title.

Emperor: How about money and treasure?

Mulan: Your Majesty, I joined the army, having been fighting in the border for ten years, finally triumphed. And there are elderly parents, elder sister and younger brother in my home. I can not communicate with them for ten years. Fame and fortune can leave quickly, only family is eternal. I missed the hometown day and night, hope Your Majesty can allow me to return my hometown to reunite with family.

Emperor: What filial piety and true love, so moving. I allow you to ride a swift horse back home, and give you thousands of gold, subsidies for home.

Mulan: Thanks, Your Majesty.

[Scene 2]

Outside the City Gate of Mulan's Hometown

(*Enter passerby A, Passerby B, Mother and Father*)

Passerby A: I heard there is a General Hua, winning the battle, today, triumphantly return home!

Passerby B: General Hua, is your son?

Father: It's my daughter, today she is back.

Passerby A/B: Daughter?

(*Enters elder sister*)

Mother: It is noon, where is Mulan?

Sister: Sister is just on the way? Mother, how about my skirt?

Mother: Hey, today we welcome Mulan back home, why do you dress carefully?

Sister: My sister became a great general, as her sister, I have to dress carefully.

Father: Where is your brother?

(*Enters younger brother in a hurry*)

Brother: Father, I am coming.

Father: What are you doing?

Brother: I am busy to kill pigs and sheep, ready for sister's feast.

Mother: Is that Mulan? Mulan, Mulan.

Sister: Mulan, here!

Mulan: Father, Mother, sister, brother, I come back! I missed you every day, how do you do? Look, my brother has grown into an adult.

Brother: Sister became a great general, triumphantly return home, so wonderful!

Mother: Mulan, you became thin and black.

Mulan: Mother, all day in the battlefield, naturally harder than at home.

Father: Battlefield is dangerous, Mulan. It is fortunate that you can come back safely.

[Scene 3]

Outside Mulan's Home

Voiceover: Mulan came back home, and everything is the same as before, just stale. Mulan changed the perennial coat armor with a long skirt, dressing carefully, lay down long hair, then came out.

Soldier A: Have you heard that our general is a woman?

Soldier C: How could this happen, maybe it's a rumor? General has great martial arts, and great man spirit, how could be a woman?

Soldier B: It's true. I heard from the neighbors that General Hua named Mulan, is the daughter of Hua family. She disguised as a man, and joined the army in place of her father.

(*Enters Mulan*)

Soldier A: General Hua, we are coming.

(*Mulan is coming closer*)

Mulan: The battle is over, and you do not have to call me general. We are in the same generation, just friends, call me Mulan.

Soldier C: General… No, Mulan, you are a woman, really?

Soldier B: Mulan is just a woman, but is much stronger than us. But we actually never found one like this for ten years!

Soldier A: Our general is such a beautiful girl.

Mulan: No kidding. I was just worried about my father, and had to disguise as a man. My family have prepared a feast, just come together to have a happy drink!

Soldier A/B/C: Yes, go!

（节选自《英语教育戏剧传播传统文化的研究与实践》）

【点评】

这篇译介文本选自甄丽所著的《英语教育戏剧传播传统文化的研究与实践》，作者精选了20个中华传统故事，以中英文戏剧剧本的形式呈现给读者。每个故事都包含中文剧本、英文剧本、戏剧故事导读、舞台戏剧教学指导等四个部分，用英文表达和传递中华民族自强不息、舍生取义、诚信友爱、尊老爱幼的传统美德，对弘扬中华传统文化具有积极的推动作用。"花木兰的传说故事"是安徽省亳州市第五批非遗项目，像《花木兰》剧本这种新颖的译介呈现形式，无疑会进一步促进"花木兰的传说故事"非遗项目更好地对外传播。

附录三 《牛郎织女的传说》译介文本

牛郎织女的传说

每年农历七月初七,被称为"七夕"。关于这个节日,有一个美丽的传说。

相传,古时候有个名为牛郎的男孩,父母很早就去世了。他在哥哥嫂嫂家里生活。嫂嫂嫌他累赘,常常对他又打又骂。他刚到16岁,哥哥嫂嫂就把他赶出家门,给了他一头老牛,让他自立门户。从此,他与老牛一道耕田犁地,相依为命。

一天,日落西山,牛郎牵着老牛,拖着疲惫的身体走回家。突然,老牛竟然开口说话了!它告诉牛郎,今晚会有天上的仙女下凡到河边戏水,并劝他前去。

牛郎感到非常惊奇,好奇心让他在夜幕降临时来到河边,只见漆黑的夜空中闪现了点点星光并逐渐幻化成一个个女子的形象。仙女们果然来了!她们一落地,便将身披的羽衣脱下,跃入水中尽情嬉戏起来。牛郎躲在河边的树丛里,看着仙女们玩耍打闹。他发现其中最小的那个仙女娇小玲珑,笑容像花朵般甜美动人,顿时心中荡漾起爱慕的波澜,情不自禁地悄悄捡起她的羽衣,藏了起来。

天要亮了,仙女们纷纷上岸,穿起羽衣飞回天上去。只有最小的仙女——织女,始终找不到自己的羽衣,急得哭了起来。牛郎赶忙从树林中跑出来,把羽衣交还给她,并羞涩地向她表达自己的情意。织女破涕为笑,决定留下来和他多相处几天再回到天上。

结果,几天、几个月过去,织女渐渐爱上了勤劳朴实又聪明能干的牛郎,决定嫁给他。结婚后,牛郎与织女男耕女织,又生育了一双儿女,生活得非常幸福。织女是所有仙女中最擅长纺织和刺绣的,她织出来的布匹让全村全镇的人都赞叹不已。

天帝听闻这件事,怒不可遏,让王母娘娘将织女带回天上。牛郎眼看着爱妻被强行带走,心如刀割却无可奈何,两个孩子更是哇哇大哭。老牛见到此景,便将自己的牛角折断,化成了一艘小船。牛郎抱着两个孩子,乘着小船向天上追去。就要追上织女时,却见王母娘娘拔下头上金簪向后一划,一条波涛汹涌的银河凭空出现,将牛郎拦住了。牛郎与织女只得隔水相望,但他们的心却紧密相连。终于,他们坚贞的爱情感动了天帝,允许他们每年七月初七相会。那一天,无数喜鹊相聚于银河,为他们搭起连通两岸的鹊桥,牛郎带着儿女与织女在桥上团圆。

这就是牛郎织女的故事。后来,古代女子羡慕织女高超的女红技巧,敬佩她对爱情的坚贞,向她乞巧求福,"七夕"也逐渐成为中国民间极富人情味的节日。

【故事要旨】

中国古代,从来不曾缺少对于爱情与自由的追求。牛郎织女的故事就表达了人们对爱情圆满、家庭和睦、生活自由的向往。牛郎织女对爱情坚贞的守望也感动着一代又一代中国人。

The Legend of Herdboy and Weaving Maid

Every year in China a festival is celebrated on the seventh day of the seventh month by the lunar calendar, called the "Double Seventh." Connected with it is a beautiful legend.

It is said that in ancient times there was a young man known as Herdboy. His parents had died and left him an orphan at an early age, and he lived with his elder brother and sister-in-law. The latter resented him bitterly, and often beat and scolded him. When Herdboy reached the age of sixteen his brother and sister-in-law expelled him from the house with only an old ox as his inheritance. Herdboy engaged in farming, the ox drawing the plow.

One day, as the sun was setting behind the western hills, Herdboy and the ox were plodding their weary way home, when the ox suddenly started to speak. It told Herdboy that fairies would descend from Heaven that very evening to play in a nearby river, and urged him to go there.

Herdboy was amazed, but curiosity compelled him to go to the river just as night was closing in. There in the pitch-dark night he seemed to see the forms of girls twinkling like stars. Fairies had indeed come down to Earth! As each one descended, she doffed her winged garment, and began to splash about and play in the water. Herdboy, hiding in a clump of trees near the river, watched the fairies' graceful movements. He found the youngest fairy particularly attractive. Her smiling face moved Herdboy's heart, and he instantly fell in love with her. On an impulse, he snatched up and hid her winged garment.

Just before dawn, the fairies scrambled back onto the river bank. Donning their winged robes, they flew back to Heaven—all except the youngest, known as Weaving Maid, whose job was to make beautiful clouds in the sky. Unable to find her own clothes, she burst into tears. Herdboy rushed out of the trees, handed to her winged robe, and bashfully confessed his love for her. Weaving Maid, changing her tears into smiles, decided to stay with Herdboy for a few days before returning to Heaven.

But the days turned into months, and Weaving Maid gradually came to love diligent, clever and capable Herdboy. She decided to marry him. One year later, their son and daughter were born. With Herdboy farming and Weaving Maid weaving, together with their children, they led a happy life. Weaving Maid had been the most skilful weaver in Heaven, and of course the cloth she wove in her new life was the wonder of the village and famous for miles around.

When the Lord of Heaven heard what had happened, he was exceedingly angry. He ordered the Queen Mother of the West to fetch Weaving Maid back. As Herdboy watched his beloved Weaving Maid being forcibly taken away, he felt as though a knife had pierced his heart. But there was nothing he could do. The babies wailed loudly. Seeing this, the old ox shed one of his horns, which turned into a small boat floating in the air. Herdboy took the two babies with him, got on to the boat, and soared up to Heaven in pursuit of Weaving Maid.

Just as they were catching up with the Queen Mother, she took a hairpin from her hair, and drew a magic line behind her, which turned into a raging river known as the Milky Way. This barred the progress of Herdboy. He and Weaving Maid could only gaze helplessly at each other across the chasm, still linked, however, in their hearts. At length, their pure love moved the Lord of Heaven, and he gave permission for them to meet once a year, on the seventh day of the seventh Lunar month. On that day countless numbers of magpies flock to the Milky Way to form a bridge with their bodies so that Herdboy and Weaving Maid can be reunited in the middle.

This is the story of Herdboy and Weaving Maid. From then on, girls in ancient China had great admiration for Weaving Maid's superior skill at weaving, as well as for her steadfast love. They prayed to her specially to give them needlework skills and good fortune. The "Double Seventh" gradually became a festival full of emotion for the Chinese people.

[The Moral of This Story]

In ancient China the pursuit of love and freedom continued without a break. The story of Herdboy and Weaving Maid represents the people's yearning for perfect love, a harmonious family and a free life. The steadfast love of Herdboy and Weaving Maid has moved generation after generation.

[节选自《用英语讲中国故事(基础级)》]

【点评】

《牛郎织女》是中国古代著名的民间爱情故事,也是我国四大民间传说之一。"牛郎织女传说"先后三次被列入国家级非物质文化遗产名录,分别由山西省和顺县、山东省沂源县、陕西省西安市长安区申报,可以说《牛郎织女》是中国最家喻户晓的民间故事之一。此外,《牛郎织女》还是安徽省国家级非物质文化遗产黄梅戏的经典唱段。有关《牛郎织女》的英文译介也有很多,有的作品将"牛郎"译为"cowboy",或者"cowhand",或者"cowherd",版本很多,这篇则将其译为"herdboy"。这篇译介文本译文准确,表达流畅,值得一读。

附录四 《毛笔的由来》译介文本

毛笔的由来

笔是中国传统用具"文房四宝"之一,其发明与演变有数千年的历史。

殷墟出土的甲骨片上残留着朱书与墨迹。根据这些甲骨文字判断,夏商时期已经产生了笔的雏形。到春秋战国时期,各国都已经制作和使用书写用笔了。

虽然笔的发明很早,但是那时所谓的笔仅仅是用竹签蘸墨,然后再在丝做的绢布上写字,书写速度很慢。使笔真正具有我们今天见到的毛笔形态,人们普遍认为是秦朝一位大将——蒙恬的功劳。

据传,公元前223年,秦国大将蒙恬率领部下在中山地区与楚国交战,战况激烈。为了使秦王能及时了解战场上的情况,蒙恬需要定期写战况报告递送秦王。然而,蒙恬常常为此困扰:当时的笔质地很硬,墨水蘸少了,写几个字就得停下再蘸,墨水蘸多了,直往下滴,又会把贵重的绢弄脏。蒙恬以前就萌生过改造笔的念头,这次要写大量的战况报告,这个愿望就越发强烈了。

战争的间歇中,蒙恬喜欢去野外打猎。有一次,他打了几只野兔子,拎着它们回到军营。兔子十分肥硕,有一只兔子便拖在地上,兔毛在地上蹭出了一道蜿蜒的血迹。蒙恬见了,一下子联想到困扰他已久的笔的改造问题:"如果在竹签上绑一些兔毛,用兔毛书写,难道不是十分柔软好用吗?"

回到营房以后,他立刻剪下了一条兔尾,将其绑在笔上,用它蘸墨书写。没想到,兔毛油光光的,无法有效吸收墨水,在绢上写字断断续续、七扭八歪,一点也不成样子,还浪费了一块珍贵的绢布。蒙恬在试验中受到挫折。他一气之下将兔毛笔扔在了门前的石坑里。

但是蒙恬并未就此放弃。他仍然试图寻找其他改造笔的方式,只可惜都失败了。几天过后,他无意中又看到了门前石坑中的兔毛笔,抱着最后一丝希望捡了起来。石坑中的积水渗透了兔毛,使其变得加柔软服帖了,放在墨里一蘸,竟然变得非常吃墨。蒙恬大喜，用兔毛笔在绢上书写，运笔流畅，字体圆润，出乎意料地好用。原来，山石坑里的水含有石灰质，经碱性水的浸泡，兔毛上的油被去除了，变得柔顺起来。

蒙恬对笔进行了关键性的改造，在此后的两千多年里，随着中国文化的进步，士大夫们对笔须臾不离，毛笔的应用更加广泛，制作工艺也日趋完善。

由于笔的不同会影响运笔的方式，士人书风各异，对笔的要求亦不同，故而毛笔种类繁多：从笔毫材质上分，有羊毫、狼毫、胎毛等多种材质；从性能上分，有硬毫、软毫、兼毫；从笔管材质上分，又有竹管、象牙、玳瑁，等等。笔的形态不断丰富起来，其制作与装饰也越来越受到重视。笔的多种制作方法的诞生，又促进了书法的发展、改进。可以说，毛笔在中国文明发展的进程中占据着重要地位，它的演变侧面反映了中国历史与文化的变迁，是中华传统文化与传统思想的见证者与承载者。

【故事要旨】

毛笔是中国文化传承的重要工具，是中国历史与中华文化的见证者与承载者。因为毛笔的存在，中国历史得以记载，文化得以传承，更重要的是，书法艺术成为中国独特的艺术。因此，毛笔在中国文明的发展进程中占有重要地位。

The Origin of the Brush Pen

The brush pen, one of the "Four Treasures of the Study" (traditional Chinese stationery), has evolved continuously since its invention thousands of years ago.

The origin of it can be traced back almost four thousand years to the ancient Xia and Shang Dynasties, judging from the red and black ink left on shells and bones unearthed from the Yin Ruins. As early as the Spring and Autumn Period (770—476 BC), the brush pen had been already produced and put into use.

The original pen, nevertheless, was just a stick or piece of bamboo, which made writing on thin silk very slow. Its present form, as a brush, is generally accredited to Meng Tian, a general of the Kingdom of Qin.

Legend has it that Meng was leading an army in a fierce battle against the

Kingdom of Chu in the region of Zhongshan in 223 BC. Meng's frequent updates to his King caused him trouble because his pen was inconveniently hard. Too little ink, and he could barely finish a few characters; too much ink, and the pen dripped ink and smeared the precious silk. Given his number of reports, Meng often thought of ways to make improvements.

Between battles, Meng enjoyed hunting. One day after a hunting trip, Meng made his way back to the barracks with his game—some wild rabbits. Fat and heavy, one of the rabbits dragged on the ground, its tail leaving a winding trail. It suddenly occurred to Meng that he might have found the solution to his problem. "What if I tie rabbit's hair to a stick? Wouldn't it be soft enough to write with?"

Upon returning to the barracks, he immediately severed the rabbit's tail, tied it to a stick and tried writing with it. To his disappointment, the rabbit's hair was too slick to effectively absorb the ink, leaving only twisted trails and broken strokes, a complete mess. Frustrated that his experiment had done nothing but waste precious silk, Meng tossed his "invention".

However, Meng Tian was anything but a quitter. He tried many ways to improve the brush pen, but all ended in failure. A few days later, he stumbled upon his "prototype." With the last shred of hope he picked it up. To his delight, the soaked rabbit's hair, now surprisingly soft, absorbed the ink well. The brush worked beautifully on silk, producing fluent and full strokes. It turned out that calcareous water had removed the grease from the hair and softened it.

Meng Tian's alteration to the brush pen was pivotal. For two thousand years, the brush pen was inseparable from scholars and officialdom, and, with wider and wider applications, its manufacture was gradually perfected.

The types of the brush pen affect the ways they are wielded, and vice versa. Materials for the brush include the hair of goat and wolf, and even fetal hair. In terms of hardness, there are rigid brush, soft brush and a combination of the two. The body can be made of bamboo, ivory, hawksbill, etc. As its form evolved, people attached increasing importance to its designs and decoration, which in turn promoted the evolution of calligraphy. It is safe to say that the brush pen played a key role in Chinese civilization, not only as a mirror of China's historical and cultural changes, but also as a transmitter of traditional Chinese culture and philosophy.

[**The Moral of This Story**]

The brush pen is the embodiment of China's culture. In witnessing and documenting China's rich history, it ensured the continuity and evolution of this ancient nation's rich civilization. More importantly, it made calligraphy a unique Chinese art form. Needless to say, it has been pivotal in the course of Chinese civilization.

〔节选自《用英语讲中国故事(提高级)》〕

【点评】

毛笔是中国古代最重要的书写工具,也是"文房四宝"之一。作为安徽国家级非物质文化遗产的"宣笔制作技艺"历史非常悠久,宣笔制作需经过选料、水盆、制杆、装套、修笔、镶嵌、刻字、检验包装等八大工序共100多个环节,技艺极为复杂。单纯地译介其制作工艺,很难引起国外受众的兴趣,这篇"毛笔的由来"巧妙地将毛笔发明的历史和毛笔的种类、材质融合在一起,娓娓道来,是一种更容易被国外受众接受的译介形式。

附录五 《墨的故事》译介文本

墨的故事

墨是中国传统文书工具"文房四宝"(即笔、墨、纸、砚)之一,是书写、绘画用的黑色颜料,为中国古代士人必备之物。

墨的发明晚于笔,在人工制墨发明之前,一般利用天然墨或半天然墨作为书写材料。根据《述古书法纂》记载,西周"邢夷始制墨,字从黑土,煤烟所成,土之类也"。汉代开始出现人工墨品,其原料取自松烟,最初由手捏合而成,后来采用模制;魏晋南北朝时期,墨的质量不断提高;唐、宋、明时期制墨工艺继续发展,高手频出,派别繁多;清代制墨主要向收藏方面发展,墨成为精美的工艺美术品。

墨的制取工艺十分复杂,从制成烟料到完成出品,要经过入胶、和剂、蒸杵等多道工序。北魏贾思勰著有《齐民要术》,其中《合墨法》有载:用上好烟捣细,过筛;一斤烟末和五两上好胶,浸在梣树皮汁中,再加五个鸡蛋白,又将一两朱砂、二两麝香捣细和入,放入铁臼,捣三万下。墨剂制作好后,还要经过模压成形。墨模的雕刻其实是一个艺术性的创造过程:墨模通常由正、背、上、下、左、右六块组成,做成方、长方、圆、椭圆等不同造型,款识大多刻于侧面,内置墨剂,合紧锤砸成品。只有完成了全部工序,才能制作出细净均匀、光泽如漆的好墨。制墨的过程更可使人全身投入,沉心静气。

有趣的是,古代的松烟墨是可以食用的。松烟墨取材于松木,明代药物学家李时珍便在《本草纲目》中明确指出,松烟墨是无毒的。不仅如此,古人为了增强墨的光泽和防腐性能,还会在墨里加入珍珠、麝香、冰片、犀角等十几味中药材,从而使墨有了"香墨"和"药墨"之分:除作书写之用外,香墨还可以用来调味,做成"墨汁肉",药墨入药则具有消炎、解毒等神奇功效。宋代著名词人苏轼就有"麻衣如再著,墨水真可饮"的诗句,黄庭坚也曾写过"睥睨纨袴儿,可饮三斗墨",以为佐证。

关于吃墨,还有一个著名的小故事。相传,东晋著名书法家王羲之儿时练字十分刻苦,有一次连吃饭都忘记了。丫鬟给他端来了蒜泥和馍馍,他却恍若未觉,沉迷写字。丫鬟只好上报夫人,夫人赶来时,看见王羲之正拿着一个沾满墨汁的馍馍往嘴里送,吃得满嘴乌黑。原来他练字入迷,目不错珠,误把墨汁当作蒜汁。后来,王羲之凭着这股钻研的精神,经过艰苦摸索,自成一派雄健有力、收放自如的新字体,成为流芳百世的书法家。

王羲之的故事是一桩逸事,但其实在书法中,用墨技巧十分重要。在书法中,笔法与墨法互为依存,相得益彰,正所谓"墨法之少,全从笔出",用墨直接影响到作品的神采。历代书法家无不深究墨法,将墨法融进书法,增添了书法作品的笔情墨趣。比如草书中的"飞白",便用笔画中墨迹的断续表达了书法家的情绪递进,给观者以激昂之感。

【故事要旨】

墨是中国的"文房四宝"之一,其色浓黑,与白纸相映衬,浓淡相宜,体现简约、质朴的审美追求,而其制作与使用的过程体现了中国士人既专注坚毅,又可屈可伸的精神与智慧。

More Than Ink or Sticks

Inkstick, or ink cake, is one of China's ancient "Four Treasures of the Study", the other three being brush pen, paper and ink stone. The black inkstick was inseparable from ancient Chinese bureaucrats and scholars, who used it for both writing and painting.

The inkstick's invention came after the Chinese brush pen. Before the man-made inkstick, people used natural and semi-natural materials. As recorded in *The Collection of Ancient Calligraphy*, "The artificial inkstick was first invented by Xing Yi in the Western Zhou Dynasty (1046—771 BC), with which the color of characters is similar to that of dark soil, and it is made of soot, a kind of soil." In the Han Dynasty (206 BC—220 AD), man-made ink was produced from pine soot, first kneaded by hand, and then molded. Through the Wei, Jin and Northern and Southern Dynasties (220—589), the quality of inksticks rose steadily. In the Tang (618—907), Song (960—1279) and Ming (1368—1644) Dynasties, there emerged many superior ink makers of various styles. By the Qing Dynasty (1644—1911), inkstick production was collector-oriented and inksticks were becoming fine artifacts.

The making of an inkstick is a complicated process involving mixing the ingredients into a dough, kneading the dough, etc. According to "Making Inksticks," a chapter in *Arts for the People* by Jia Sixie of the Northern Wei Dynasty (386—534), "Grind and filter fine soot, then soak one *jin* (One *jin* equals 0.5 kg) of it with half a *jin* of fine glue in the juice of Chinese ash tree bark before adding five egg whites, one *liang* (One *liang* equals 0.05 kg) of ground cinnabar and rhino horn, and finally pound it 30,000 times." After the dough is finished, it will be pressed into a mold. The carving in this process is a very creative art. A mold, which comes in various creative shapes, usually consists of six parts: front, back, up, down, left and right. The maker's mark is usually carved on the side. When the dough is placed within, the mold is closed tightly and hammered into the final product. Only when all the procedures are completed can one produce a fine inkstick that is consistent, soft, clean and bright.

Interestingly, inksticks made of soot were actually edible in ancient China because the soot came from pine trees. Li Shizhen, a famous Ming Dynasty pharmacologist, argued in his *Compendium of Materia Medica* that pine soot was innocuous. What's more, in ancient China, people would add such traditional medicinal substances as pearl, musk, borneol and rhino horn to increase the inkstick's gloss and anti-corrosiveness. Inksticks were therefore classified as "fragrant" or "medicinal" types. "Fragrant inksticks," in addition to their calligraphic use, could also be used as seasoning for "ink meat." "Medicinal ink," as the name suggests, was effectively for curing infection and detoxification. Su Shi, a famous Song Dynasty poet, penned the lines, "Should I return to my studentship/I would drink the ink for sure." Huang Tingjian of the same period also wrote that "dandies should certainly drink three *dou* (One *dou* equals 10 liters) of the ink."

Another story about ink eating concerns Wang Xizhi, the famous Eastern Jin Dynasty calligrapher. When he was young, Wang practiced calligraphy with full devotion. He was once soabsorbed that he forgot to have a meal. Even when a maid brought him mashed garlic and steamed buns, he did nothing but focus on his practicing. After seeing this, the maid had to turn to his mother. To the latter's surprise, she found Wang feeding himself with an ink-dipped bun, his mouth smeared with ink. He had been so preoccupied that he mistook ink for the mashed garlic. It was precisely such diligence and industry that placed Wang Xizhi, famous for his vigorously dynamic style, in the calligraphic hall of fame.

This anecdote about Wang Xizhi touches upon the magic of ink, which greatly complements Chinese calligraphy. "The brush pen works the art of ink," as it is said. Throughout history, the calligraphers have emphasized the role of ink in enhancing the charm of calligraphy. A good example is the technique of "hollow strokes" in Cursive Script, which expresses the calligrapher's progressive emotion with the broken strokes, presenting a strong and passionate image to viewers.

[The Moral of This Story]

The inkstick is one of the "Four Treasures of the Study," its deep black forms an antithesis with the white paper. Ink's various shades, deftly wielded, evoke a simple and unadorned aesthetic experience. Its making and application are testimonies to the temperament and wisdom of Chinese intellectuals: concentration and perseverance, as well as flexibility in adaption.

[节选自《用英语讲中国故事(提高级)》]

【点评】

这是一篇极好的关于墨制作工艺的译介范文,文中不仅介绍了墨的产生历史和制作工艺,而且还提到了王羲之吃墨的轶事,让人读来印象深刻。本文的题目并未生硬地直译汉语原文的题目,未将"墨的故事"译为"The Story of Inksticks",而是采用了一种英文中表示比较关系的译法,译为"More Than Ink or Sticks",这个题目很容易将国外受众吸引到文中来,所以这种译法非常贴近英语受众的认知。此外,在译介汉语中的一些量词时,采用了拼音加注解的形式,有效地促进了国外受众对内容的理解。

附录六 《蔡伦与中国造纸术》译介文本

蔡伦与中国造纸术

纸是用来书写文字,帮助我们记录生活工作的再普通不过的东西了。可是你知道吗?纸的发明与创造也走过了很长一段路。结绳记事、甲骨刻字、简牍刻字、缣帛(丝织物)写字,这是中国人用纸前的历史。可是,结绳记事太含糊,甲骨、简牍刻字太费劲,缣帛作为书写材料又太贵了,普通人用不起,因此一些有识之士还在寻找更好的材料。

时间流转到中国古代东汉时期。有一个叫蔡伦的人,出身于普通农民家庭,从小随父辈种田,对生活中的普通事物有很细致的观察。蔡伦聪明伶俐,对事物充满了好奇心。15岁的时候,他被选入洛阳宫内当太监。因为他读书识字,表现优异,入宫后一年就获得了黄门侍郎这一职务。后来他受到东汉窦太后和邓太后两任实权太后的提携,逐渐进入了权力中心。他担任了中常侍,随侍幼帝左右,参与国家机密大事,秩二千石,地位与九卿等同。后来,他还兼任了尚方令,主管宫内御用器物和宫廷御用手工作坊。

由于职务上的关系,蔡伦有观察、接触生产实践的条件。每有空闲,他就闭门谢客,亲自到作坊进行技术调查,学习和总结工匠们多年积累的丰富经验,再加上自己的聪颖创新,对发展当时的金属冶炼、铸造、锻造及机械制造工艺起到了重要的推动作用。蔡伦最重大的贡献,是对造纸术的发明。

东汉时期,朝廷用的书写材料以缣帛为主。缣帛约起源于春秋时代,盛行于两汉,与简牍以及其后的书写载体并存了很长一段时期。缣帛柔软轻便,幅面宽广,宜于画图,这是简牍不具备的优点。但价格昂贵,普通人用不起,而且一经书写,不便更改,所以缣帛始终未能取代简牍作为记录知识的主要载体。

在观察乡间作坊时,他意外地看到了这样一种现象:蚕妇缫丝漂絮后,竹篾上往往会留下一层短毛丝絮,揭下似缣帛,可以用来书写。蔡伦从中得到启发。他收集树皮、废麻、破布、旧渔网等,施以锉、煮、浸、捣、抄等法,试用植物纤维造纸。功夫不负有心人,蔡伦终于造出了植物纤维纸。高兴之余,蔡伦将造纸过程、方法整理之后,写成奏章,连同造出来的植物纤维纸,呈报给汉和帝刘肇,和帝大加赞赏。蔡伦造纸术很快传开。人们把这种纸称为"蔡侯纸",全国"莫不从用焉"。蔡伦向汉和帝献纸的公元105年,被作为纸的诞生年份。

蔡伦的植物纤维纸极大地降低了纸的成本,纸张轻薄,使用更加便利了。蔡伦造纸术的发明是人类文化史上一件大事。从此,纸才有可能大量生产,给以后书籍的印刷创造了物质条件。因此,蔡伦作为纸的发明者被载入史册。蔡伦发明的造纸术被列为中国古代四大发明之一。造纸术不仅在中国广为传播,也传播至全世界。因此,造纸术不仅造福了中国,也造福了世界。这一切,不得不感谢造纸术的发明者蔡伦。正是他的创造力推动了中国和世界的发展。

蔡伦造纸术只是中华民族伟大创造力的一个代表。中国古代造纸术、指南针、火药、活字印刷术的发明,促进了世界文明的进展。中国古代一项项伟大的发明创造,彰显着中国人民巨大的创造力。

【故事要旨】

中国的造纸术是对世界文明发展的重大贡献,充分体现了中国人民的智慧与创造性。蔡伦因日常生产生活的不便,细心观察、深入钻研,发明并改进了造纸技术与工艺,为中国与世界的文化传播奠定了基础。

Cai Lun and Chinese Paper-making

Paper is one of the most ordinary objects in our daily life. We write on it, keeping accounts of what is going on in life and in work. But paper, as we see it today, came about only after many periods of evolution in the ways that Chinese kept records. Long before paper was invented, rope knots were first used to keep records, followed by inscriptions on shells and bones, then on bamboo and wooden slips, and later on *jianbo* (a kind of silk fabric). Obviously, tying knots on a rope was too unspecific and carving on shells and bones and wood could be very laborious. Silk cloth would have been fine, except that it was not affordable for average people. So the search for better materials to write on continued among the wiser ones.

During the Eastern Han Dynasty (25—220) lived a youth named Cai Lun. He was born into an ordinary rural family. Even while helping his father with farming as a child, he already showed a smart kid's keen curiosity in observing things around him. At the age of 15, he was chosen to serve as a eunuch in the imperial palace in Luoyang, and in his second year, because of his literacy and learning, he was exalted to the position of *huangmen shilang* (an imperial court official close to the emperor). Cai later gained the favor of both Empress Dou and Empress Deng, who were in control of the power, and was promoted to be a *zhongchangshi* (regular palace attendant), serving the young emperor personally and having access to national affairs. The position was of the same rank as *Jiuqing* (the Nine Ministers), with the annual salary equivalent to 2000 dan of grains. Later, he acted as *shangfangling* in charge of manufacturing instruments for the supply of palace use.

The job facilitated Cai's observation of and involvement in real production, he used every break from his duties to conduct on-site research in the workshops, declining all visitations. By integrating his own innovations with the craftsmen's year of experience, he made considerable improvement to such technologies as metal smelting, casting, forging and machine manufacturing. But his most important innovation would have to be that of paper-making.

In his time, the most popular writing material used at court was *jianbo*, which had been in use since the Spring and Autumn Period (770—476 BC), prevalent in both Han Dynasties, and, together with bamboo and wooden slips and other materials, widely used for a long time. Silk, compared with bamboo and wooden slips, was soft, light and more spacious, so also suitable for painting. But the downside was its price and the fact that it was one-time use only, which made it hard for silk to replace the latter.

Cai Lun had noticed something by accident while observing unofficial workshops. After the silk-making women reeled the silk and filtered it in the water, a felted sheet of fiber was usually left on the bamboo mat, which, peeled off, resembled silk and could be used to write on. Greatly inspired, Cai collected tree bark, used cloth, rags and fishnets, and then processed them in the imperial workshops through such procedures as filing, boiling, soaking, beating and dipping. His work finally paid off with a new kind of paper made from the plant fiber. Delighted, he presented his invention along with a report on its manufacturing procedures to Emperor He, who praised him highly. The new technique was instantly and widely promoted and people called this kind of paper "Lord Cai Paper". The year 105, when Cai Lun first presented his paper to Emperor He, is thus celebrated as the birth year of paper.

Paper made of fiber was much more inexpensive and convenient because of its thinness. Cai Lun's innovation was tremendously significant for human civilization, which was essential for the mass production of paper and the later invention of printing. Cai, therefore, was recorded in history as the inventor of paper, which has been revered as one of the "Four Great Inventions of China". From then on, paper-making was not only popularized in China but also throughout the known world. To this day, the world owes a huge debt to Cai Lun for his innovation that promoted its development.

Cai Lun and his invention epitomize the Chinese spirit of innovation. The "Four Great Inventions" facilitated global civilization, as well as bore witness to the enormous potential for Chinese creativity.

[The Moral of This Story]

The invention of paper was a major contribution of China to world civilization, show-casing the intelligence and creativity of the Chinese people. Cai Lun's key improvement to the technology of paper-making was born out of his careful observation and in-depth investigation. It's safe to say that his work has laid a foundation for cultural exchanges between China and the rest of the world.

[节选自《用英语讲中国故事(提高级)》]

【点评】

造纸术是中国古代的四大发明之一,宣纸制作技艺又是安徽省首批被列为国家级非物质文化遗产的传统手工技艺类项目。这篇译介材料,不仅介绍了纸的制作工艺,而且介绍了纸的演化历程,为外国受众了解中国古代文明提供了很好的素材。

附录七 《驾青牛西去也》译介文本

驾青牛西去也

老子是春秋时期著名的哲学家。他开创的道家学派在百家争鸣中占据一席之地。

老子年幼好学。家中为他请过不少老师,都是通览古今博学多识的老者。老子每次都会请教一些富含哲思的问题:

老子会问:"老师,'天'是什么?"

老先生看到自己的学生这么勤学好问,很乐意回答:"天,就是你仰头向上看,那一片既清澈又充满着正义感的东西。"

老子似乎对这个答案还很疑惑:"怎么理解既清澈又充满正义感?"

"你可以把既清澈又充满着正义感的东西理解为'太空'。"

"那么请先生告诉我,'太空'的上面又是什么?"

"'太空'的上面,是更加清澈与充满正义感的事物。"

老子又问:"那么最清澈最充满正义感的东西是什么?"老先生面对弟子穷问不舍,只能坦白:"这种东西没有一本古籍记载过,也没有一位贤人提到过,我才能有限,不敢跟你乱说啊。"老子心中似乎确有一个答案,他顺势说道:"先生,弟子认为,最清澈最充满正义感的东西应该是'道'。"老先生听到弟子有如此高的领悟,只能感慨:"为师的我学问有限,然而弟子的哲思无穷。我有限的学问怎能匹配上学生的提问呢?"

很快,老子就不再局限于探究身边可观可感的事物了。青年时期老子进入周国都城深造,被推荐为守藏室的官员。守藏室是周朝典籍收藏之所,集天下之文,收天下之书,汗牛充栋。老子在这里翻遍了历代的史书典籍,参透了世间百态,对万物的变化和规律都有一定的体察和领悟。他开始逐渐思索几年前他向自己的启蒙老师提到的那个概念——"道"。

"道?"他自言自语道,"可以是什么呢?应该是什么呢?"他进一步问自己,如果"道"可以被看到,那么会是什么样子呢?如果"道"可以碰触,那会是什么感觉呢?如果"道"可以被听到,那么是否悦耳呢?通过一次次启发性的自我提问,老子的哲思逐渐从边缘向中心聚拢,不断接近那个核心概念"道"。老子决定,既然自己体悟了不少东西,不如再体悟一下当下的局势吧。

他找来一头青牛,仔细洗刷了青牛的脊背。然后斜卧在青牛的脊背上,任凭青牛带着自己向西奔去。青牛所到之处,老子就用一双慧眼体悟那里的民风与政情。然而周国以外的地方一片荒凉:断垣颓壁,井栏摧折,阡陌错断,田园荒芜,草木枯涩。田野里不见耕种的牛马,民不聊生;反而是大道上的战马奔驰不息,有的母马怀着孕还得跟着大部队艰难地在后穷追不舍。

目睹着万物光怪陆离的场景,老子心如刀绞。他不得不感慨:战争真是不吉祥的东西,君子轻易是不能动用武力的。即使不得已开战,也要适可而止。知足常乐,无所欲求才是最符合自然要求的。现在战事频发,一定是掌权者企图独霸天下。独霸后又有什么意义呢?占领的土地能统治长久吗?戎马在郊外出生,是国家危亡的征兆啊。现在的人们轻举妄动,一点都不遵循规律。殊不知,急躁的背后是万丈深渊,物极必反。每个事物都有一定的极限,现在的统治者滥用权力,早晚作茧自缚。

老子坐在青牛背上一路西去,直至函谷关。这个时候,他略感疲倦。他不光自己疲倦,一路上也见识尽了天下苍生疲倦。他为了不让天下苍生再活得迷茫与痛苦,决定把自己的思想和建议写下来。

"道可道,非常道……"《道德经》共五千言,费时不过一天有余。老子把书交给了函谷关的官员,独自一人骑在牛背上,在夕阳余晖的衬托下,继续往西走了。

【故事要旨】

老子是春秋时期著名的哲学家。他创立了道家学派,在百家争鸣中占据一席之地。学如其人,他的学说同他的生命状态一样:尊重规律,顺势而动。体现了中国人辩证的哲学思维和随遇而安的生命态度。

Westward Bound on My Ox

Laozi, a renowned philosopher in the Spring and Autumn Period (770—476 BC), was the founder of Taoism, which had a remarkable place in the "contention of a hundred schools of thought".

Laozi was keen on learning from his childhood. His family employed many erudite and knowledgeable elders as his teachers, to whom Laozi would often raise insightful philosophical questions.

"Sir, what is *tian* (sky, Heaven)?" he once asked.

Pleased with his diligence and curiosity, the teacher answered, "It is what you see when you look up, which appears limpid and righteous."

Laozi seemed confused: "How is one to understand the words 'limpid and righteous'?"

"You can understand them as tai kong (space or supreme void)."

"So what is beyond this *tai kong*?"

"Just something more limpid and righteous."

"Then what is the most limpid and righteous?" Laozi pursued.

Confronted with his perseverance, the teacher confessed, "I'm afraid my limited knowledge cannot give you a sure answer, since it wasn't recorded anywhere or mentioned by any of the sages."

Laozi, however, seemed to have an answer in mind: "As far as I am concerned, sir, the most limpid and righteous is Tao (the Way)."

His shrewd perception amazed his teacher. He said to himself: "My knowledge as a teacher is limited, yet my student's wise thoughts are limitless. I am not equal to such insightful questions."

Laozi's vision soon transcended his visible or perceivable surroundings. In his youth, Laozi went to the capital city of the Zhou Dynasty (1046—256 BC) for further learning. He was made the keeper of the Royal Archives, which preserved all the classical documents of the country. By reading extensively there, Laozi reflected on all facets of life, and then framed his own perception of the way of the world's changes. It was then that he again directed his thoughts to the notion of Tao.

He asked himself: "What should Tao be? What would it look like? If it could be touched, what would it feel like? And would it be pleasant to hear of it?" Through repeated deliberation upon these questions, he eventually concentrated his philosophical focus on the core concept, Tao. He then decided to cast his eyes over the current state of affairs based on his reflective thinking.

Legend has it that Laozi journeyed riding on the back of a water buffalo all the way to the far west of China, keenly observing folk ways and politics wherever he went. Outside the territory of the Zhou Dynasty was a scene of desolation, homes collapsed and in ruins, paths crossed and disarrayed, farmlands barren and deserted, trees and plants withering. Cattle herds were nowhere to be seen, and many people were deprived of their means of survival. Instead, war horses galloped ceaselessly on the main roads, even pregnant horses, which labored hard to catch up.

These bizarrely grotesque scenes wrenched at Laozi's heart. Indignation welled within him against the atrocities of war. He couldn't help concluding that the truly noble man should not resort to warfare unless absolutely necessary, and even then it should be kept to a minimum. It was Nature's way to be content with what one has, without undue covetousness. These years of war must be the consequence of the race of those in power to monopolize the world. But what did it matter even if they got their way? Would the seized lands be ruled by them forever? It boded ill for a nation when its war horses were born on the battlefield. Those who act recklessly in defiance of Nature's laws are not aware that they stand on the rim of an unfathomable abyss. All things reverse themselves when they reach the limit. What the rulers were doing was actually blindly digging their own graves.

As Laozi's journey took him to Han'gu Pass, he grew as weary as the populace he had passed. In order to save the world from such oblivion and misery, he started to pen his thoughts and counsels.

"Tao that can be described is not the eternal Tao." This is the first sentence of *Tao Te Ching*, which consists of five thousand words, and took him only a little more than one day to complete. Handing over this work to officials of Han'gu Pass, he remounted his buffalo and continued west towards the setting sun, never to be seen again, but his vision of Tao shapes the world to this day.

[The Moral of This Story]

Laozi was a prominent philosopher of the Spring and Autumn Period. He founded the Taoist School, which occupied a leading place in the "contention of a hundred schools of thought." As in philosophy, so in life; he respected Nature's law, and his life was led by it. To this day, his "go with the flow" mentality embodies the accommodating and adaptive attitude so prevalent in Chinese dialectical philosophy and life.

[节选自《用英语讲中国故事(提高级)》]

【点评】

《道德经》是世界上被译成最多语言、发行量最大的传世经典之一,与之相比,其作者老子的故事译介相对较少。"老子传说"是安徽省国家级非遗名录之一,这篇译介资料讲了老子问道的故事,可以向外国受众呈现一个更立体的老子形象,同时,也译介了《道德经》中的"天""道"等核心要义和老子寻道的历程,利于外国受众理解道家的思想。

附录八 《黄梅戏经典唱段(节选)》译介文本

黄梅戏经典唱段(节选)

(一) 比翼双飞在人间

七仙女:树上的鸟儿成双对,

董永:绿水青山带笑颜。

七仙女:随手摘下花一朵,

董永:我与娘子戴发间。

七仙女:从今不再受那奴役苦,

董永：夫妻双双把家还。

七仙女：你耕田来我织布，

董永：我挑水来你浇园。

七仙女：寒窑虽破能避风雨，

董永：夫妻恩爱苦也甜。

七仙女：你我好比鸳鸯鸟，

合唱：比翼双飞在人间。

（节选自《天仙配》）

Flying Side By Side in the Human World

Seventh Fairy (S): Birds in the tree are playing happily in pairs.

Dong Yong (D): Green hills and clear streams give us a happy smile.

S: From the roadside I pick a beautiful flower.

D: I fix it in the hair of my beautiful wife.

S: From now on, we'll never suffer from slavery.

D: We are now going home as husband and wife.

S: You plough our fields and I weave cloth for us.

D: I fetch water and you water the crops.

S: Our kiln is humble, but it keeps us from storms.

D: Love between husband and wife can turn bitterness into honey.

S: You and I, like a pair of mandarin ducks.

Chorus: Always fly side by side in the human world.

(Selected from *Marriage to Fairy*)

（二）这边唱来那边和

刘三姐：唱山歌来哟，唱山歌，

这边唱来那边和。

山歌好比春江水，

不怕险滩湾又多。

唱歌好，树木招手鸟来和。

江心鲤鱼跳出水，

要和三姐对山歌。
莫夸我,画眉取笑小阳雀,
黄嘴嫩鸟才学唱,
绒毛鸭子初下河。

老渔翁:(白)要我唱我就唱,
牙齿不全口漏风,
我若开口唱一句,
虾公鱼仔脸都红!

(节选自《刘三姐》)

Here I Am Singing and There You Are Echoing

Liu Sanjie: Singing the folk songs I am very enjoying.
Here I am singing and there you are echoing.
Folk songs are like the water in the river of spring.
It is just running regardless of the dangerous shoals
and numerous bends.
The songs are so beautiful that trees are dancing
and birds chirping.
Even the carps jump out of the river
and in antiphonal style with Sanjie they want to join.
Don't praise me so and it's like thrushes laughing at
cuckoos.
The fledgling bird is at the early stage of singing
and the young duck for the first time knows swimming.

Old Fisherman: (says) I'm glad to sing on your invitation,
although I speak indistinctly with my front teeth
missing.
All the shrimps and fishes will blush
if they hear my singsing.

(Selected from *Liu Sanjie*)

（三）适才做了一个甜滋滋的梦

适才做了一个甜滋滋的梦，
乘长风驾祥云我离了帝京，
飞向那巴山蜀水，
匆匆去把郎君寻。
寻见了竹篱茅舍旧时景，
今已是小院闲窗春色深。
轻移步野草山花迷曲径，
转秋波麻棚新绿瓜牵藤，
又只见乡野村姑传笑语，
三三两两斜倚古柳绣罗裙。
风乍起，
桃花片片飘无影，
春池皱，乳鸽对对啄落英。
烟柳斜阳无限好，
我轻扣柴扉觅故人，
忽然一阵寒风起，
只留下银烛微光冷画屏。
一梦催下滴不尽的相思泪，
满腹苦情难出唇，难出唇。

（节选自《喜脉案》）

I had a Sweet Dream Just Now

I had a sweet dream just now.
In the sweet dream, I left the capital for Sichuan,
at the speed of wind and cloud
hurriedly searching for my husband.
Thatched cottages with bamboo fence in the old days

are now small yards with beautiful spring scenery.
Padding silently along the meandering path dotted with weeds and florets,
I saw melons growing vigorously.
The village girls are leaning against willows,
embroidering skirts in twos and threes and chatting smilingly.
When the wind is passing through,
peach petals float in the air till disappear completely.
Goslings in pairs peck the fallen petals as ripples appear on the pond.
At such a beautiful sunset,
I knock at a door of the cottage in search of my husband.
Just then a gust of chill wind blows up.
Candles with a glimmer of light and painted screen are what I see only.
This dream makes me burst into tears of lovesickness
and my pent-up misery is impossible to find an outlet.

——Selected from *The Case of Pregnancy*

[节选自《黄梅经典唱段(汉英对照本)》]

【点评】

黄梅戏是中国五大戏曲剧种之一,也是安徽省首批被列入国家级非物质文化遗产名录的项目。黄梅戏的很多经典唱段都脍炙人口,流行于大江南北。黄梅戏的唱腔独特,大多采用七字句式和十字句式,其戏词兼具民歌和诗词的特点,富有韵律,内容通俗易懂,朗朗上口,极具生活气息。朱忠焰教授是黄梅戏翻译的专家,三个经典唱段皆节选自朱忠焰教授所著的《黄梅戏经典唱段(汉英对照本)》,译文不仅准确传递了原文的意思,并且充分考虑了黄梅戏戏词的韵律性,是黄梅戏译介的佳作。

附录九 安徽省省级非物质文化遗产名录[①]

(截至2021年12月31日,含第六批省级非遗代表性项目推荐名单)

序号	批次	类别	名称	申报地区或单位
一、民间文学类				
1	1	民间文学	鞭打芦花车牛返	宿州市萧县
2	1	民间文学	孔雀东南飞传说	安庆市潜山县、怀宁县
3	1	民间文学	桐城歌	安庆市桐城市
4	1	民间文学	六尺巷传说	安庆市桐城市
5	1	民间文学	徽州民谣	黄山市
6	1	民间文学	徽州楹联匾额	黄山市
7	1+	民间文学	徽州民谣(绩溪民歌民谣)	宣城市绩溪县
8	2	民间文学	老子传说故事	亳州市涡阳县
9	2	民间文学	涂山大禹传说	蚌埠市怀远县
10	3	民间文学	小孤山传说	安庆市宿松县
11	3	民间文学	管仲的传说	阜阳市颍上县
12	3	民间文学	包公故事	合肥市
13	3	民间文学	刘铭传故事	合肥市肥西县
14	3	民间文学	捻军歌谣	亳州市涡阳县
15	3	民间文学	伍子胥过昭关的传说	巢湖市含山县
16	3	民间文学	白牡丹的传说	巢湖市居巢区
17	3	民间文学	梁山伯与祝英台的传说	六安市舒城县
18	3	民间文学	皇藏峪的传说	宿州市萧县

[①] "申报地区或单位"以当年申报时的地理区划及单位为准。

续表

序号	批次	类别	名称	申报地区或单位
19	3	民间文学	垓下民间传说	蚌埠市固镇县
20	3	民间文学	安丰塘的传说	六安市寿县
21	4	民间文学	庄子传说	亳州市蒙城县
22	4	民间文学	蒙城歌谣	亳州市蒙城县
23	4	民间文学	张孝祥与镜湖的故事	芜湖市镜湖区
24	4	民间文学	九井沟传说	安庆市宿松县
25	5	民间文学	陈抟传说	亳州市
26	5	民间文学	祠山张勃传说	宣城市广德县
27	5	民间文学	有巢氏传说	合肥市巢湖市
28	5	民间文学	柳下惠传说	亳州市利辛县
29	5	民间文学	二乔传说	安庆市潜山县
30	6	民间文学	米芾传说	芜湖市无为市
31	6	民间文学	浮山传说	铜陵市枞阳县
32	6	民间文学	裁襟励子	安庆市桐城市
二、民间音乐类				
33	1	民间音乐	五河民歌	蚌埠市五河县
34	1	民间音乐	皖西大别山民歌	六安市
35	1	民间音乐	寿州锣鼓	六安市寿县
36	1	民间音乐	金寨古碑丝弦锣鼓	六安市金寨县
37	1	民间音乐	繁昌民歌	芜湖市繁昌县
38	1	民间音乐	铜陵牛歌	铜陵市铜陵县
39	1	民间音乐	贵池民歌	池州市贵池区
40	1	民间音乐	石台唱曲	池州市石台县
41	1	民间音乐	九华山佛教音乐	池州市九华山风景区
42	1	民间音乐	潜山弹腔	安庆市潜山县
43	1	民间音乐	徽州民歌	黄山市
44	1	民间音乐	齐云山道教音乐	黄山市休宁县
45	2	民间音乐	砀山唢呐	宿州市砀山县
46	2	民间音乐	淮河锣鼓	阜阳市颍上县

续表

序号	批次	类别	名称	申报地区或单位
47	2	民间音乐	谢郢锣鼓	淮南市凤台县
48	2	民间音乐	丰收锣鼓	滁州市明光市
49	2	民间音乐	凤阳民歌	滁州市凤阳县
50	2	民间音乐	思帝乡锣鼓	六安市金寨县
51	2	民间音乐	无为民歌	巢湖市无为县
52	2	民间音乐	断丝弦锣鼓	安庆市宿松县
53	3	民间音乐	凉亭锣鼓	滁州市定远县
54	3	民间音乐	灵璧菠林喇叭	宿州市灵璧县
55	3	民间音乐	云梯畲族民歌	宣城市宁国市
56	3	民间音乐	大小锣鼓	宣城市郎溪县
57	4	民间音乐	全椒民歌	滁州市全椒县
58	4	民间音乐	六安灯歌	六安市金安区
59	4	民间音乐	和县民歌	马鞍山市和县
60	4	民间音乐	美溪唢呐	黄山市黟县
61	4	民间音乐	广德民歌	宣城市广德县
62	4	民间音乐	宿松民歌	安庆市宿松县
63	5	民间音乐	九华民歌	池州市九华山风景区、青阳县
64	5	民间音乐	石台民歌	池州市石台县
65	5	民间音乐	官港民歌	池州市东至县
66	5	民间音乐	临涣唢呐	淮北市濉溪县
67	5	民间音乐	夏派唢呐	淮北市濉溪县
68	5	民间音乐	坟台唢呐	阜阳市太和县
69	5	民间音乐	楼西回民锣鼓	滁州市凤阳县
70	5	民间音乐	杜村十番锣鼓	池州市青阳县
71	6	民间音乐	隋氏唢呐	亳州市
72	6	民间音乐	锣鼓棚子	亳州市蒙城县
73	6	民间音乐	埇桥十番锣鼓	宿州市埇桥区
74	6	民间音乐	凤阳唢呐	滁州市凤阳县

续表

序号	批次	类别	名称	申报地区或单位
75	6	民间音乐	南谯民歌	滁州市南谯区
76	6	民间音乐	春富贵	安庆市岳西县
77	6	民间音乐	磡头老鼓	宣城市绩溪县
78	6	民间音乐	枞阳民歌	铜陵市枞阳县
79	6	民间音乐	白笴章氏吟诵	池州市东至县
80	6	民间音乐	刘门古琴艺术	安徽梅庵琴社
81	6	民间音乐	皖北柳琴	安徽省民族管弦乐学会
三、传统舞蹈类					
82	1	传统舞蹈	卫调花鼓	蚌埠市龙子湖区
83	1	传统舞蹈	祁门傩舞	黄山市祁门县
84	1	传统舞蹈	临北狮子舞	蚌埠市五河县
85	1	传统舞蹈	火老虎	淮南市凤台县
86	1	传统舞蹈	秧歌灯	滁州市来安县
87	1	传统舞蹈	肘歌抬歌	六安市寿县、阜阳市临泉县
88	1	传统舞蹈	十兽灯	芜湖市南陵县
89	1	传统舞蹈	竹马灯	铜陵市铜陵县
90	1	传统舞蹈	东至花灯	池州市东至县
91	1	传统舞蹈	黎阳仗鼓	黄山市屯溪区
92	1+	传统舞蹈	卫调花鼓（凤阳花鼓戏）	滁州市凤阳县
93	2	传统舞蹈	棒鼓舞	亳州市涡阳县
94	2	传统舞蹈	钱杆舞	蚌埠市五河县
95	2	传统舞蹈	旱船舞	蚌埠市五河县
96	2	传统舞蹈	太和狮子灯	阜阳市太和县
97	2	传统舞蹈	马戏灯	淮南市毛集区
98	2	传统舞蹈	手狮灯	滁州市来安县
99	2	传统舞蹈	采石跳和合	马鞍山市雨山区
100	2	传统舞蹈	无为鱼灯	巢湖市无为县
101	2	传统舞蹈	云舞	宣城市郎溪县

续表

序号	批次	类别	名称	申报地区或单位
102	2	传统舞蹈	舞狗	宣城市绩溪县
103	2	传统舞蹈	火狮舞	宣城市绩溪县
104	2	传统舞蹈	平安草龙灯	池州市东至县
105	2	传统舞蹈	十二月花神	安庆市潜山县
106	2	传统舞蹈	花梆舞	安庆市太湖县
107	2	传统舞蹈	徽州板凳龙	黄山市休宁县、徽州区
108	2	传统舞蹈	采茶扑蝶舞	黄山市祁门县
109	3	传统舞蹈	莲湘舞	安庆市望江县
110	3	传统舞蹈	二龙戏蛛	滁州市定远县
111	3	传统舞蹈	流星赶月	滁州市明光市
112	3	传统舞蹈	抛头狮	合肥市蜀山区
113	3	传统舞蹈	采莲灯	淮南市潘集区
114	3	传统舞蹈	藤牌对马	淮南市田家庵区
115	3	传统舞蹈	手龙舞	宣城市绩溪县
116	3	传统舞蹈	火马舞	宣城市绩溪县
117	3	传统舞蹈	跳钟馗	黄山市徽州区
118	4	传统舞蹈	独杆轿	蚌埠市固镇县
119	5	传统舞蹈	休宁得胜鼓	黄山市休宁县
120	5	传统舞蹈	红灯舞	阜阳市阜南县
121	5	传统舞蹈	五河打铁舞	蚌埠市五河县
122	5	传统舞蹈	绩溪草龙舞	宣城市绩溪县
123	5	传统舞蹈	罗汉除柳	安庆市太湖县
124	5	传统舞蹈	黟县傩舞	黄山市黟县
125	5	传统舞蹈	八朵云	滁州市全椒县
126	5	传统舞蹈	雉山凤舞	黄山市黟县
127	5	传统舞蹈	赶黑驴	亳州市利辛县
128	5	传统舞蹈	火狮灯	宣城市广德县
129	5	传统舞蹈	西坞马灯	宣城市广德县

续表

序号	批次	类别	名称	申报地区或单位
130	5	传统舞蹈	将兵摔跤	淮南市潘集区
131	5	传统舞蹈	三圣傩舞	马鞍山市当涂县
132	5	传统舞蹈	新市滚龙	马鞍山市博望区
133	5+	传统舞蹈	手狮灯	滁州市全椒县
134	5+	传统舞蹈	莲湘舞(和县打莲湘)	马鞍山市和县
135	5+	传统舞蹈	跳钟馗	黄山市歙县
136	6	传统舞蹈	雄风狮子舞	亳州市涡阳县
137	6	传统舞蹈	雷官戏曲马灯	滁州市来安县
138	6	传统舞蹈	无为市谢家元巷五彩红灯	芜湖市无为市
139	6	传统舞蹈	跳竹马	黄山市黄山区
140	6	传统舞蹈	莲湘舞(肥西莲湘舞)	合肥市肥西县
141	6	传统舞蹈	跳五猖(湖阳跳五猖)	马鞍山市当涂县
四、传统戏剧类					
142	1	传统戏剧	淮北花鼓戏	宿州市埇桥区、淮北市
143	1	传统戏剧	亳州二夹弦	亳州市谯城区
144	1	传统戏剧	坠子戏	宿州市
145	1	传统戏剧	嗨子戏	阜阳市阜南县
146	1	传统戏剧	推剧	淮南市凤台县、阜阳市颍上县
147	1	传统戏剧	洪山戏	滁州市来安县
148	1	传统戏剧	含弓戏	巢湖市含山县
149	1	传统戏剧	梨簧戏	芜湖市
150	1	传统戏剧	南陵目连戏	芜湖市南陵县
151	1	传统戏剧	皖南花鼓戏	宣城市
152	1	传统戏剧	石台目连戏	池州市石台县
153	1	传统戏剧	文南词	安庆市宿松县、池州市东至县
154	1+	传统戏剧	庐剧(东路庐剧)	巢湖市和县
155	1+	传统戏剧	徽剧(徽戏童子班)	宣城市绩溪县

续表

序号	批次	类别	名称	申报地区或单位
156	2	传统戏剧	淮北梆子戏	宿州市、阜阳市
157	2	传统戏剧	灵璧皮影戏	宿州市灵璧县
158	2	传统戏剧	余家皮影戏	蚌埠市禹会区
159	2	传统戏剧	皖南皮影戏	宣城市宣州区
160	2	传统戏剧	鸡公调	池州市东至县
161	2	传统戏剧	曲子戏	安庆市太湖县
162	3	传统戏剧	木偶戏	安庆市潜山县
163	3	传统戏剧	砀山四平调	宿州市砀山县
164	3+	传统戏剧	泗州戏（拉魂腔）	亳州市利辛县
165	4+	传统戏剧	淮北梆子戏	亳州市谯城区
166	5	传统戏剧	皖北曲剧	阜阳市
167	5	传统戏剧	马派皮影戏	合肥市庐阳区
168	5	传统戏剧	梅街目连戏	池州市贵池区
169	5	传统戏剧	泗县瑶剧	宿州市泗县
170	5+	传统戏剧	泗州戏（淮北泗洲戏）	淮北市濉溪县
171	5+	传统戏剧	黄梅戏（怀腔）	安庆市怀宁县
172	6	传统戏剧	枞阳腔（吹腔）	铜陵市
173	6+	传统戏剧	徽州目连戏（歙县目连戏）	黄山市歙县
五、曲艺类					
174	1	曲艺	门歌	合肥市包河区
175	1	曲艺	淮北大鼓	淮北市濉溪县
176	1	曲艺	清音	阜阳市太和县
177	1	曲艺	渔鼓	阜阳市界首市
178	1	曲艺	锣鼓书	六安市金安区
179	1+	曲艺	淮北大鼓	亳州市利辛县
180	1+	曲艺	清音（清音戏）	亳州市利辛县
181	2	曲艺	庐州大鼓	合肥市肥东县、肥西县
182	2	曲艺	花腔渔鼓	宿州市萧县

续表

序号	批次	类别	名称	申报地区或单位
183	2	曲艺	萧县坠子	宿州市萧县
184	2	曲艺	灵璧琴书	宿州市灵璧县
185	2	曲艺	淮河琴书	蚌埠市、阜阳市阜南县
186	2	曲艺	端公腔	蚌埠市怀远县
187	2	曲艺	扁担戏	阜阳市界首市
188	2	曲艺	端鼓	滁州市明光市
189	2	曲艺	白曲	滁州市来安县
190	2	曲艺	小调胡琴书	六安市舒城县
191	3	曲艺	酉华唱经锣鼓	池州市青阳县
192	3	曲艺	四弦书	六安市霍山县
193	3	曲艺	寿州大鼓	六安市寿县
194	3	曲艺	淮词	六安市寿县
195	4	曲艺	颍上大鼓书	阜阳市颍上县
196	4	曲艺	岳西鼓书	安庆市岳西县
197	4+	曲艺	淮北大鼓	亳州市蒙城县
198	5	曲艺	颍上琴书	阜阳市颍上县
199	5	曲艺	灵璧大鼓	宿州市灵璧县
200	5	曲艺	淮河大鼓	淮南市凤台县
201	5	曲艺	程岭大鼓书	安庆市宿松县
202	5+	曲艺	扁担戏(利辛扁担戏)	亳州市利辛县
203	6	曲艺	五马琴书	亳州市谯城区
204	6	曲艺	涡河憨腔	亳州市涡阳县
六、传统体育、游艺与杂技类				
205	1	传统体育类	华佗五禽戏	亳州市
206	1	传统体育类	民间杂技马戏	阜阳市临泉县、宿州市埇桥区
207	2	传统体育类	晰扬掌	亳州市
208	2	传统体育类	六洲棋	淮南市
209	2	传统体育类	叶村叠罗汉	黄山市歙县

续表

序号	批次	类别	名称	申报地区或单位
210	3	传统体育类	东乡武术	安庆市枞阳县
211	3	传统体育类	永京拳	淮南市
212	3	传统体育类	游龙舟、抬五帝、跳旗	宣城市绩溪县
213	3	传统体育类	三阳打秋千	黄山市歙县
214	3	传统体育类	湖阳打水浒	马鞍山市当涂县
215	3	传统体育类	铜城火叉、火鞭	阜阳市临泉县
216	4	传统体育类	陈抟老祖心意六合八法拳	亳州市
217	4	传统体育类	五音八卦拳	阜阳市阜南县
218	4	传统体育类	吴翼翚华岳心意六合八法拳	淮南市
219	4	传统体育类	徽州武术	黄山市
220	5	传统体育类	蚌山心意六合拳	蚌埠市蚌山区
221	5	传统体育类	太和武当太极拳	阜阳市太和县
222	5	传统体育类	张氏大洪拳	合肥市瑶海区
223	5	传统体育类	牛门洪拳	合肥市肥东县
224	5	传统体育类	韩氏阴阳双合拳	合肥市
225	5+	传统体育类	六洲棋（六国棋）	亳州市蒙城县
226	6	传统体育类	庐州太极拳	合肥市瑶海区
227	6	传统体育类	淮北六步架大洪拳	淮北市杜集区
228	6	传统体育类	淮北李氏射艺	淮北市相山区
229	6	传统体育类	陈氏太极拳	蚌埠市蚌山区
230	6	传统体育类	胡门少林大洪拳	蚌埠市禹会区
231	6	传统体育类	赛龙舟	蚌埠市五河县
七、民间美术类				
232	1	民间美术	火笔画	合肥市
233	1	民间美术	灵璧钟馗画	宿州市灵璧县
234	1	民间美术	萧县农民画	宿州市萧县
235	1	民间美术	民间剪纸	阜阳市

续表

序号	批次	类别	名称	申报地区或单位
236	1+	民间美术	剪纸（亳州剪纸、萧县剪纸）	亳州市谯城区、宿州市萧县
237	1	民间美术	凤画	滁州市凤阳县
238	1	民间美术	青阳农民画	池州市青阳县
239	1	民间美术	望江挑花	安庆市望江县
240	1	民间美术	徽派版画	黄山市歙县
241	1	民间美术	徽州篆刻	黄山市黟县
242	1+	民间美术	竹编（王河舒席、徽州竹编）	安庆市潜山县、黄山市屯溪区
243	2	民间美术	吴山铁字	合肥市长丰县
244	2	民间美术	葫芦烙画	合肥市瑶海区
245	2	民间美术	民间扎彩	合肥市包河区、巢湖市含山县
246	2	民间美术	萧县石刻	宿州市萧县
247	2	民间美术	杨氏微雕	蚌埠市
248	2	民间美术	天官画	滁州市天长市
249	2	民间美术	羽毛画	巢湖市和县
250	2	民间美术	皖南木雕	宣城市宣州区
251	2	民间美术	徽州根雕	黄山市
252	2	民间美术	徽州竹雕	黄山市徽州区
253	3	民间美术	砀山年画	宿州市砀山县
254	3	民间美术	灵璧磬石雕刻	宿州市灵璧县
255	3	民间美术	黟县彩绘壁画	黄山市黟县
256	3+	民间美术	剪纸（和县剪纸、皖南剪纸）	巢湖市和县、宣城市宣州区
257	3+	民间美术	竹编（徽州竹编）	黄山市黄山区
258	4	民间美术	庐州木雕	合肥市肥西县、包河区
259	4	民间美术	淮北泥塑	淮北市濉溪县

续表

序号	批次	类别	名称	申报地区或单位
260	4	民间美术	殷派面塑	淮北市相山区
261	4	民间美术	花山剪纸	马鞍山市
262	4	民间美术	旌德漆画	宣城市旌德县
263	4	民间美术	徽州墙头画	宣城市绩溪县
264	4	民间美术	皖南根雕	宣城市广德县
265	4+	民间美术	徽州三雕	宣城市绩溪县
266	5	民间美术	徽州沉香雕刻	合肥市
267	5	民间美术	浅绛彩瓷画	蚌埠市
268	5	民间美术	溪口堆木画	宣城市宣州区
269	5	民间美术	庐州核雕	合肥市瑶海区
270	5	民间美术	皖南竹刻	宣城市广德县
271	5	民间美术	巢湖树雕画	合肥市巢湖市
272	5	民间美术	利辛面塑	亳州市利辛县
273	5	民间美术	商派面塑	淮北市濉溪县
274	5	民间美术	墨模雕刻	宣城市绩溪县
275	5	民间美术	石弓石雕	亳州市涡阳县
276	5	民间美术	高峰唐氏竹编	宣城市广德县
277	5	民间美术	玉顺行玉雕	合肥市
278	5	民间美术	庐州蛋雕	合肥市蜀山区
279	5	民间美术	淮南紫金印雕刻	淮南市谢家集区
280	5	民间美术	大别山盆景技艺	六安市裕安区
281	5	民间美术	临淮泥塑	六安市霍邱县
282	5+	民间美术	剪纸（徽州剪纸、张氏剪纸、庐阳剪纸、翁墩剪纸）	黄山市歙县、淮北市相山区、合肥市庐阳区、六安市金安区
283	5+	民间美术	葫芦烙画（临泉葫芦烙画）	阜阳市临泉县
284	6	民间美术	庐州面塑	合肥市
285	6	民间美术	庐州内画	合肥市包河区

续表

序号	批次	类别	名称	申报地区或单位
286	6	民间美术	庐阳殷氏字画	合肥市庐阳区
287	6	民间美术	庐州木版水印	合肥市庐阳区
288	6	民间美术	庐州麦秆画	合肥市蜀山区
289	6	民间美术	葫芦雕刻	合肥市蜀山区
290	6	民间美术	宫式彩绘贴金	合肥市新站区
291	6	民间美术	手撕书法	合肥市庐江县
292	6	民间美术	贺氏绫刻画	淮北市相山区
293	6	民间美术	亳州木雕	亳州市
294	6	民间美术	蝶翅画	宿州市
295	6	民间美术	砀山烙画	宿州市砀山县
296	6	民间美术	灵璧剪纸钟馗	宿州市灵璧县
297	6	民间美术	界首木板年画	阜阳市界首市
298	6	民间美术	张氏玉印篆刻	阜阳市颍州区
299	6	民间美术	泾县木壶	宣城市泾县
300	6	民间美术	梅渚傩面具	宣城市郎溪县
301	6	民间美术	何氏泥塑	池州市东至县
302	6	民间美术	皖南砖雕	广德市
303	6	民间美术	童寿记木版年画	安徽省书画研究院
304	6	民间美术	庐州篆刻	安徽艺术学院
305	6	民间美术	徽派插花艺术	安徽省风景园林行业协会
306	6+	民间美术	剪纸(宗氏剪纸)	淮北市相山区
307	6+	民间美术	剪纸(涡阳剪纸)	亳州市涡阳县
308	6+	民间美术	竹编(界首竹编)	阜阳市界首市
309	6+	民间美术	剪纸(滁州剪纸)	滁州市
310	6+	民间美术	徽州墙头画	黄山市歙县
311	6+	民间美术	墨模雕刻(徽墨墨模雕刻)	黄山市屯溪区
		八、传统手工技艺类		
312	1	传统手工技艺	宿州乐石砚制作技艺	宿州市

续表

序号	批次	类别	名称	申报地区或单位
313	1	传统手工技艺	紫金砚制作技艺	淮南市、六安市寿县
314	1	传统手工技艺	豆腐传统制作技艺	六安市寿县、淮南市
315	1	传统手工技艺	舒席制作技艺	六安市舒城县
316	1	传统手工技艺	太平府铜壶技艺	马鞍山市当涂县
317	1	传统手工技艺	传统加工纸制作技艺	巢湖市
318	1	传统手工技艺	无为剔墨纱灯技艺	芜湖市无为市
319	1	传统手工技艺	徽墨制作技艺	宣城市绩溪县,黄山市歙县、屯溪区
320	1	传统手工技艺	石台油坊榨制技艺	池州市石台县
321	1	传统手工技艺	桑皮纸制作技艺	安庆市潜山县、岳西县
322	1	传统手工技艺	徽州漆器制作技艺	黄山市屯溪区
323	1	传统手工技艺	徽州建筑技艺	黄山市
324	1	传统手工技艺	徽派盆景技艺	黄山市歙县
325	1	传统手工技艺	祁门红茶制作技艺	黄山市祁门县
326	1	传统手工技艺	绿茶制作技艺(黄山毛峰、太平猴魁、屯溪绿茶、松萝茶、六安瓜片、霍山黄芽)	黄山市徽州区、黄山市黄山区、黄山市屯溪区、黄山市休宁县、六安市、六安市霍山县
327	1+	传统手工技艺	红茶制作技艺(葛公红茶制作技艺)	池州市东至县
328	2	传统手工技艺	临涣酱培包瓜制作工艺	淮北市
329	2	传统手工技艺	千年古井贡酒酿造工艺	亳州市
330	2	传统手工技艺	符离集烧鸡制作技艺	宿州市埇桥区
331	2	传统手工技艺	临泉毛笔制作技艺	阜阳市临泉县
332	2	传统手工技艺	淮河柳编工艺(黄岗柳编、霍邱柳编)	阜阳市阜南县、六安市霍邱县
333	2	传统手工技艺	滁菊制作技艺	滁州市
334	2	传统手工技艺	大救驾制作工艺	六安市寿县

续表

序号	批次	类别	名称	申报地区或单位
335	2	传统手工技艺	迎驾酒传统酿造技艺	六安市霍山县
336	2	传统手工技艺	博望打铁工艺	马鞍山市当涂县
337	2	传统手工技艺	传统钾明矾制作技艺	巢湖市庐江县
338	2	传统手工技艺	宣酒纪氏古法酿造技艺	宣城市
339	2	传统手工技艺	铜陵白姜制作技艺	铜陵市
340	2	传统手工技艺	铸胎掐丝珐琅制作技艺	安庆市桐城市
341	2	传统手工技艺	痘姆陶器手工制作技艺	安庆市潜山县
342	2	传统手工技艺	顶谷大方制作技艺	黄山市歙县
343	2	传统手工技艺	观音豆腐制作技艺	黄山市歙县
344	2	传统手工技艺	五城米酒酿制技艺	黄山市休宁县
345	2	传统手工技艺	五城豆腐干制作技艺	黄山市休宁县
346	2	传统手工技艺	皖南火腿腌制技艺（兰花火腿腌制技艺、汤口火腿腌制技艺）	黄山市休宁县、黄山市黄山区
347	3	传统手工技艺	顶雪贡糕制作技艺	安庆市怀宁县
348	3	传统手工技艺	秋石制作技艺	安庆市桐城市
349	3	传统手工技艺	大九华水磨玉骨绢扇制作技艺	池州市青阳县
350	3	传统手工技艺	阜阳刺绣（细阳刺绣、界首刺绣）	阜阳市太和县、阜阳市界首市
351	3	传统手工技艺	颍州枕头馍制作技艺	阜阳市颍州区
352	3	传统手工技艺	"公和堂"狮子头制作技艺	合肥市肥东县
353	3	传统手工技艺	口子窖酒酿造技艺	淮北市
354	3	传统手工技艺	寿州窑陶瓷制作技艺	淮南市八公山区、大通区
355	3	传统手工技艺	泗县药物布鞋制作技艺	宿州市泗县
356	3	传统手工技艺	中国传统失蜡法	铜陵市
357	3	传统手工技艺	庐江小红头制作技艺	巢湖市庐江县
358	3	传统手工技艺	一品玉带糕制作技艺	巢湖市居巢区

续表

序号	批次	类别	名称	申报地区或单位
359	3	传统手工技艺	古南丰徽派本坊小缸酿造技艺	宣城市郎溪县
360	3	传统手工技艺	大王冲佛香制作技艺	芜湖市南陵县
361	3	传统手工技艺	耿福兴传统小吃制作技艺	芜湖市镜湖区
362	3	传统手工技艺	徽州毛笔制作技艺	黄山市屯溪区
363	3	传统手工技艺	利源手工制麻技艺	黄山市黟县
364	3	传统手工技艺	余香石笛制作技艺	黄山市黟县
365	3	传统手工技艺	杜氏刻铜技艺	阜阳市
366	3	传统手工技艺	石斛泡制技艺	六安市霍山县
367	3+	传统手工技艺	绿茶制作技艺（岳西翠兰、舒城小兰花、涌溪火青）	安庆市岳西县、六安市舒城县、宣城市泾县
368	3+	传统手工技艺	徽墨制作技艺（古法油烟墨制作技艺）	宣城市旌德县
369	4	传统手工技艺	庐州吴氏船模制作技艺	合肥市蜀山区
370	4	传统手工技艺	三河羽扇制作技艺	合肥市肥西县
371	4	传统手工技艺	高炉家传统酿造技艺	亳州市涡阳县
372	4	传统手工技艺	卢家笙制作技艺	亳州市蒙城县
373	4	传统手工技艺	砀山毛笔制作技艺	宿州市砀山县
374	4	传统手工技艺	埇桥唢呐制作技艺	宿州市埇桥区
375	4	传统手工技艺	醉三秋酒传统酿造技艺	阜阳市
376	4	传统手工技艺	文王贡酒酿造技艺	阜阳市临泉县
377	4	传统手工技艺	运酒传统酿造技艺	马鞍山市含山县
378	4	传统手工技艺	无为板鸭制作技艺	芜湖市无为县
379	4	传统手工技艺	宁国龙窑制陶技艺	宣城市宁国市
380	4	传统手工技艺	水东蜜枣制作技艺	宣城市宣州区
381	4	传统手工技艺	花砖制作技艺	宣城市泾县
382	4	传统手工技艺	宣纸制品加工技艺	宣城市泾县
383	4	传统手工技艺	后山剪刀制作技艺	宣城市泾县

续表

序号	批次	类别	名称	申报地区或单位
384	4	传统手工技艺	椰桥木梳制作技艺	宣城市泾县
385	4	传统手工技艺	皖南木榨油技艺	宣城市宣州区
386	4	传统手工技艺	铜陵凤丹制作技艺	铜陵市铜陵县
387	4	传统手工技艺	石台雾里青绿茶制作技艺	池州市石台县
388	4	传统手工技艺	胡玉美蚕豆辣酱制作技艺	安庆市
389	4	传统手工技艺	徽州楹联匾额传统制作技艺	黄山市黟县
390	4	传统手工技艺	徽州顶市酥制作技艺	黄山市屯溪区
391	4	传统手工技艺	徽作家具制作技艺	黄山市徽州区
392	4	传统手工技艺	太平曹氏纸制作技艺	黄山市黄山区
393	4	传统手工技艺	黄山玉雕刻技艺	黄山市黄山区
394	4	传统手工技艺	徽州手工瓷制作技艺	黄山市祁门县
395	4	传统手工技艺	安茶制作技艺	黄山市祁门县
396	4	传统手工技艺	吴鲁衡日晷制作技艺	黄山市休宁县
397	4	传统手工技艺	徽州烧饼制作技艺	黄山市
398	4	传统手工技艺	黄山贡菊（徽州贡菊）制作技艺	黄山市歙县
399	4	传统手工技艺	明德折扇制作技艺	宣城市广德县
400	4	传统手工技艺	青铜器修复技艺	安徽博物院
401	4＋	传统手工技艺	髹漆技艺	宣城市绩溪县
402	5	传统手工技艺	珠兰花茶制作技艺	黄山市歙县
403	5	传统手工技艺	黟县石墨茶制作技艺	黄山市黟县
404	5	传统手工技艺	金不换酒酿造技艺	亳州市
405	5	传统手工技艺	金裕皖酒酿造技艺	阜阳市界首市
406	5	传统手工技艺	彩曲原酒酿造技艺	亳州市谯城区
407	5	传统手工技艺	红曲酒酿造技艺	宣城市宁国市
408	5	传统手工技艺	季氏古籍修复技艺	安徽新华发行集团
409	5	传统手工技艺	陈氏锡包壶制作技艺	亳州市蒙城县
410	5	传统手工技艺	青阳生漆夹纻技艺	池州市青阳县

续表

序号	批次	类别	名称	申报地区或单位
411	5	传统手工技艺	九华布鞋制作技艺	池州市青阳县
412	5	传统手工技艺	庐州土陶烧制技艺	合肥市蜀山区
413	5	传统手工技艺	徽州漆砂砚制作技艺	黄山市屯溪区
414	5	传统手工技艺	徽州古建砖瓦制作技艺	黄山市徽州区
415	5	传统手工技艺	叶集木榨油技艺	六安市叶集试验区
416	5	传统手工技艺	一品斋毛笔制作技艺	六安市金安区
417	5	传统手工技艺	砀山兰花印染技艺	宿州市砀山县
418	5	传统手工技艺	宣砚制作技艺	宣城市旌德县
419	5	传统手工技艺	益寿堂古法印泥制作技艺	宣城市绩溪县
420	5	传统手工技艺	泾县油布伞制作技艺	宣城市泾县
421	5	传统手工技艺	丫山藕糖制作技艺	芜湖市南陵县
422	5	传统手工技艺	琴鱼干制作技艺	宣城市泾县
423	5	传统手工技艺	涡阳苔干制作技艺	亳州市涡阳县
424	5	传统手工技艺	颍州枕头馍制作技艺	阜阳市颍州区
425	5	传统手工技艺	淮南牛肉汤制作技艺	淮南市
426	5	传统手工技艺	姚村闷酱制作技艺	宣城市郎溪县
427	5	传统手工技艺	大红袍油纸伞制作技艺	六安市金安区
428	5	传统手工技艺	横望山米酒酿造技艺	马鞍山市博望区
429	5	传统手工技艺	正兴隆酱菜制作技艺	宣城市泾县
430	5	传统手工技艺	宣纸帘制作技艺	宣城市泾县
431	5	传统手工技艺	采石矶茶干制作技艺	马鞍山市雨山区
432	5	传统手工技艺	含山封扁鱼制作技艺	马鞍山市含山县
433	5	传统手工技艺	乌江霸王酥制作技艺	马鞍山市和县
434	5	传统手工技艺	阚疃大块板鸡制作技艺	亳州市利辛县
435	5	传统手工技艺	嵌字豆糖制作技艺	黄山市祁门县
436	5	传统手工技艺	甘露饼制作技艺	滁州市天长市
437	5	传统手工技艺	蒙城油酥烧饼制作技艺	亳州市蒙城县
438	5	传统手工技艺	王魁知麻花制作技艺	亳州市谯城区
439	5	传统手工技艺	一闻香糕点制作技艺	亳州市

续表

序号	批次	类别	名称	申报地区或单位
440	5	传统手工技艺	绩溪挞粿制作技艺	宣城市绩溪县
441	5	传统手工技艺	四季春传统小吃制作技艺	芜湖市镜湖区
442	5+	传统手工技艺	红茶制作技艺（池州润思）	池州市
443	5+	传统手工技艺	绿茶制作技艺（桐城小花、金山时雨、瑞草魁、宿松香芽、塔泉云雾）	安庆市桐城市、宣城市绩溪县、宣城市郎溪县、安庆市宿松县、宣城市宣州区
444	5+	传统手工技艺	皖南木榨油技艺（歙县木榨油、休宁木榨油、芜湖木榨油）	黄山市歙县、黄山市休宁县、芜湖市芜湖县
445	6	传统手工技艺	徽帮裁缝技艺	合肥市蜀山区
446	6	传统手工技艺	庐州古琴斫制技艺	合肥市蜀山区
447	6	传统手工技艺	宫廷描金纸制作技艺	合肥市瑶海区
448	6	传统手工技艺	小红头制作技艺	合肥市庐江县
449	6	传统手工技艺	吴山贡鹅制作技艺	合肥市长丰县
450	6	传统手工技艺	临涣张家纯羊汤制作技艺	淮北市濉溪县
451	6	传统手工技艺	淮北周氏面皮制作技艺	淮北市相山区
452	6	传统手工技艺	菊花心曲制作技艺	亳州市
453	6	传统手工技艺	怀养堂药膳制作技艺	亳州市
454	6	传统手工技艺	绿能粉皮制作技艺	亳州市谯城区
455	6	传统手工技艺	亳州李记烧驴肉制作技艺	亳州市谯城区
456	6	传统手工技艺	杨氏勒木厨具制作技艺	亳州市蒙城县
457	6	传统手工技艺	冷家笙制作技艺	亳州市谯城区
458	6	传统手工技艺	宿州膡汤制作技艺	宿州市
459	6	传统手工技艺	栏杆牛肉制作技艺	宿州市
460	6	传统手工技艺	砀山梨膏糖制作技艺	宿州市砀山县
461	6	传统手工技艺	蚌埠玉器加工技艺	蚌埠市
462	6	传统手工技艺	李良成熏鸡制作技艺	阜阳市界首市

续表

序号	批次	类别	名称	申报地区或单位
463	6	传统手工技艺	水晶羊蹄制作技艺	阜阳市临泉县
464	6	传统手工技艺	太和贡椿制作技艺	阜阳市太和县
465	6	传统手工技艺	老明光酒酿造技艺	滁州市明光市
466	6	传统手工技艺	马厂羊肉面制作技艺	滁州市全椒县
467	6	传统手工技艺	六安黄大茶制作技艺	六安市金安区
468	6	传统手工技艺	徐集花生糖制作技艺	六安市裕安区
469	6	传统手工技艺	姑孰菜烹饪技艺	马鞍山市当涂县
470	6	传统手工技艺	鲍义兴早点制作技艺	马鞍山市含山县
471	6	传统手工技艺	荻港香菜制作技艺	芜湖市繁昌区
472	6	传统手工技艺	五香居传统卤菜制作技艺	芜湖市镜湖区
473	6	传统手工技艺	弋農古琴斫制工艺	芜湖市湾沚区
474	6	传统手工技艺	无为横步桥木榨油制作技艺	芜湖市无为市
475	6	传统手工技艺	水阳鸭脚包制作技艺	宣城市宣州区
476	6	传统手工技艺	泾县龙窑制陶技艺	宣城市泾县
477	6	传统手工技艺	徽州小曲酒酿造技艺	宣城市绩溪县
478	6	传统手工技艺	旌德版书木活字印刷术	宣城市旌德县
479	6	传统手工技艺	旌德古艺印泥制作技艺	宣城市旌德县
480	6	传统手工技艺	宣州窑陶瓷制作技艺	宣城市宁国市
481	6	传统手工技艺	中国古代青铜焚失法铸造技艺	铜陵市
482	6	传统手工技艺	钱铺木榨油制作技艺	铜陵市枞阳县
483	6	传统手工技艺	汤沟茶干制作技艺	铜陵市枞阳县
484	6	传统手工技艺	大通小磨麻油制作技艺	铜陵市郊区
485	6	传统手工技艺	顺安酥糖制作技艺	铜陵市义安区
486	6	传统手工技艺	九华黄精制作技艺	池州市青阳县
487	6	传统手工技艺	东堡石磨麻油制作技艺	池州市青阳县
488	6	传统手工技艺	软底保健布鞋制作技艺	安庆市岳西县
489	6	传统手工技艺	顶雪贡糕制作技艺	安庆市怀宁县

续表

序号	批次	类别	名称	申报地区或单位
490	6	传统手工技艺	封缸酒酿造技艺	安庆市潜山市
491	6	传统手工技艺	天柱山瓜蒌籽制作技艺	安庆市潜山市
492	6	传统手工技艺	汪协泰食品制作技艺	安庆市太湖县
493	6	传统手工技艺	大关水碗制作技艺	安庆市桐城市
494	6	传统手工技艺	徽州臭鳜鱼制作技艺	黄山市
495	6	传统手工技艺	深渡打土墙技艺	黄山市歙县
496	6	传统手工技艺	徽州皮纸制作技艺	黄山市休宁县
497	6	传统手工技艺	徽州毛豆腐制作技艺	黄山市徽州区
498	6	传统手工技艺	灵山酒酿制作技艺	黄山市徽州区
499	6	传统手工技艺	祁门中和汤制作技艺	黄山市祁门县
500	6	传统手工技艺	黟县泗溪贡榧制作技艺	黄山市黟县
501	6	传统手工技艺	皖南紫砂壶制作技艺	广德市
502	6	传统手工技艺	高庙米酒酿造技艺	广德市
503	6	传统手工技艺	安徽古字画装裱修复技艺	安徽博物院
504	6	传统手工技艺	贺氏针灸器械制作技艺	安徽中医药大学第二附属医院（安徽省针灸医院）
505	6+	传统手工技艺	绿茶制作技艺（六安瓜片）	六安市金寨县
506	6+	传统手工技艺	绿茶制作技艺（天柱山茶）	安庆市潜山市
507	6+	传统手工技艺	宣砚制作技艺	宣城市郎溪县
508	6+	传统手工技艺	绿茶制作技艺（泾县兰香）	宣城市泾县
509	6+	传统手工技艺	绿茶制作技艺（黄山云雾茶）	黄山市黄山区
510	6+	传统手工技艺	绿茶制作技艺（紫霞贡茶）	黄山市徽州区
511	6+	传统手工技艺	徽菜烹饪技艺（徽府菜）	黄山市歙县
九、传统医药类				
512	1	传统医药	新安医学	黄山市
513	2	传统医药	张一贴内科	黄山市
514	2	传统医药	西园喉科	黄山市歙县

续表

序号	批次	类别	名称	申报地区或单位
515	3	传统医药	武氏手诊手疗医术	阜阳市颍东区
516	3	传统医药	王氏接骨膏药	宿州市砀山县
517	3	传统医药	祁门胡氏骨伤科	黄山市祁门县
518	3	传统医药	石良道膏药	蚌埠市怀远县
519	4	传统医药	砀山王集王氏接骨膏药	宿州市砀山县
520	4	传统医药	戴氏正骨法	马鞍山市含山县
521	4	传统医药	野鸡坞外科	黄山市
522	4	传统医药	祁门胡氏骨伤科	黄山市
523	5	传统医药	新安王氏医学	安徽中医药大学
524	5	传统医药	祁门蛇伤疗法	黄山市祁门县
525	5	传统医药	吴山铺伤科	黄山市歙县
526	5	传统医药	余良卿鲫鱼膏药制作技艺	安庆市
527	5	传统医药	张恒春中医药文化	芜湖市镜湖区
528	5	传统医药	华佗夹脊穴灸法	亳州市
529	5	传统医药	周氏梅花针灸	合肥市庐阳区
530	5	传统医药	沛隆堂程氏内科	黄山市休宁县
531	5	传统医药	怀宁中医骨伤疗法	安庆市怀宁县、迎江区
532	5	传统医药	浑衡钝斋医学	六安市霍山县
533	6	传统医药	清介堂膏药制作技艺	合肥市包河区
534	6	传统医药	许氏脉诊	合肥市蜀山区
535	6	传统医药	承庆堂传统中药制剂	亳州市
536	6	传统医药	华佗救心丸制作技艺	亳州市谯城区
537	6	传统医药	马岗烧伤疗法	滁州市明光市
538	6	传统医药	许氏整脉饮	芜湖市鸠江区
539	6	传统医药	李少白中医疑难病症诊疗法	芜湖市镜湖区
540	6	传统医药	附骨疽中医疗法	宣城市宣州区
541	6	传统医药	许氏正骨术	黄山市黄山区
542	6	传统医药	新安歙县黄氏妇科	黄山市歙县

续表

序号	批次	类别	名称	申报地区或单位
543	6	传统医药	屏山润生堂烫伤灵制作	黄山市黟县
544	6	传统医药	新安南园喉科医术	安徽中医药大学
545	6	传统医药	庐江徐氏妇科	安徽中医药大学第一附属医院（安徽省中医院）
546	6	传统医药	戴氏正骨法	芜湖市镜湖区
十、民俗类				
547	1	民俗	洋蛇灯	合肥市肥东县
548	1	民俗	涂山禹王庙会	蚌埠市怀远县
549	1	民俗	界首苗湖书会	阜阳市界首市
550	1	民俗	走太平	滁州市全椒县
551	1	民俗	霸王祠三月三庙会	巢湖市和县
552	1	民俗	九华山庙会	池州市九华山风景区
553	1	民俗	跳五猖	宣城市郎溪县
554	1	民俗	徽菜	宣城市绩溪县、黄山市
555	1	民俗	程大位珠算法	黄山市
556	1	民俗	徽州祠祭	黄山市祁门县、黟县
557	1	民俗	轩辕车会	黄山市黄山区
558	1+	民俗	抬阁（肘阁、湖村抬阁、隆阜抬阁）	阜阳市颍州区、宣城市绩溪县、黄山市屯溪区
559	2	民俗	九曲黄河阵	亳州市利辛县
560	2	民俗	大班会	亳州市谯城区
561	2	民俗	清明庙会	蚌埠市五河县
562	2	民俗	大黄庙会	阜阳市界首市
563	2	民俗	天长孝文化	滁州市天长市
564	2	民俗	琅琊山初九庙会	滁州市琅琊区
565	2	民俗	四顶山庙会	六安市寿县
566	2	民俗	繁昌县中分村徐姓祭祖习俗	芜湖市繁昌县

续表

序号	批次	类别	名称	申报地区或单位
567	2	民俗	安苗节	宣城市绩溪县
568	2	民俗	赛琼碗	宣城市绩溪县
569	2	民俗	花车转阁	宣城市绩溪县
570	2	民俗	福主庙会	池州市东至县
571	2	民俗	上九庙会	黄山市徽州区
572	2	民俗	婆溪河灯	黄山市黄山区
573	3	民俗	王圩灯会	安庆市桐城市
574	3	民俗	畲族婚嫁习俗	宣城市宁国市
575	3	民俗	祭社	宣城市绩溪县
576	3	民俗	小马灯	宣城市郎溪县
577	3	民俗	八社神灯	芜湖市芜湖县
578	3	民俗	九连麒麟灯会	芜湖市繁昌县
579	3	民俗	广济寺庙会	芜湖市镜湖区
580	3	民俗	群龙朝神山	芜湖市繁昌县
581	3	民俗	齐云山道场表演	黄山市休宁县
582	3	民俗	五福神会	黄山市黄山区
583	3	民俗	邀大岭	六安市金安区
584	3	民俗	送春	芜湖市南陵县
585	3	民俗	紫蓬山庙会	合肥市肥西县
586	4	民俗	吴山庙会	合肥市长丰县
587	4	民俗	张家祠祭祀活动	阜阳市临泉县
588	4	民俗	降福会	宣城市
589	4	民俗	郭村周王会	黄山市黄山区
590	4	民俗	许岭灯会	安庆市宿松县
591	5	民俗	庄子祭祀大典	亳州市蒙城县
592	5	民俗	花园胡氏龙灯	安庆市
593	5	民俗	茅坦杜祭茅镰	池州市贵池区
594	5	民俗	南谯二郎庙会	滁州市南谯区
595	5	民俗	临涣茶饮习俗	淮北市濉溪县

续表

序号	批次	类别	名称	申报地区或单位
596	5	民俗	鹊江龙舟赛	铜陵市郊区
597	5	民俗	许村大刀灯	黄山市歙县
598	5	民俗	九十殿庙会	芜湖市芜湖县
599	5	民俗	陆家湾老龙灯会	铜陵市枞阳县
600	5	民俗	灵璧古庙会	宿州市灵璧县
601	5	民俗	岳西灯会	安庆市岳西县
602	5	民俗	打棍求雨习俗	宣城市旌德县
603	5	民俗	马氏社火	亳州市利辛县
604	5	民俗	游太阳习俗	黄山市祁门县
605	5	民俗	萧县伏羊宴习俗	宿州市萧县
606	5	民俗	陡岗板龙灯	芜湖市无为县
607	5	民俗	朱桥板龙灯	宣城市宣州区
608	6	民俗	亳州药市	亳州市谯城区
609	6	民俗	保义二月二龙灯会	淮南市寿县
610	6	民俗	皋陶祭典	六安市
611	6	民俗	六安鲍氏慈孝文化	六安市裕安区
612	6	民俗	夏庄七夕水灯	马鞍山市当涂县
613	6	民俗	鹊江水上龙灯	铜陵市郊区
614	6	民俗	三合龙舟会	安庆市桐城市
615	6	民俗	汪满田鱼灯	黄山市歙县

注：表中的扩展名录批次用"＋"表示。

参 考 文 献

[1] SIRKKU A. Time-Sharingon stage: drama translation in theatre and society [M]. Clevedon: Multilingual Matters, 2000.

[2] SUSAN B. Still trapped in the labyrinth: further reflections on translation and theatre [M]// BASSNETT, LEFEVERE. Constructing cultures: essays on literary translation. Clevedon: Multilingual Matters Ltd. , 1998.

[3] SUSAN B. Translating for the theatre: the case against performability [J]. TTRIV, 1991 (1).

[4] ENOCH B. The drama in the text [M]. Oxford: Oxford University Press, 1994.

[5] CZITROM D J. Media and the american mind: from morse to mcluhan[M]. Beijing: Xinhua Press, 1984.

[6] EVA E. Performability in translation: speakability? playability? or just saleability? [M]// CAROLE-ANNE. Moving target: drama translation and cultural relocation. Manchester: St. Jerome, 2000.

[7] TERRY H, CAROLE-ANNEU. Introduction[M]// CAROLE-ANNEU. Moving target: drama translation and cultural re-location. Manchester: St. Jerome, 2000.

[8] CATFORD J C. A linguistic theory of translation[M]. Oxford: Oxford University Press, 1965.

[9] JOSEP J C. Teaching drama translation[J]. Perspective: Studies in Translatology, 2002 (1).

[10] BAKER M. In other words: a course book on translation [M]. 北京:外语教学与研究出版社, 2000.

[11] PETER N. A textbook of translation [M]. London/ Toronto/ Sydney: Prentice-Hall. 1988.

[12] PETER N. A textbook of translation[M]. London：Longman，2003.

[13] NIDA. Toward a science of translating [M]. Shanghai：Shanghai Foreign Language Education Press，2004.

[14] ROBERT P. Review of michael cronin："translation and globalization"[J]. Language Policy，2006(5)：227-232.

[15] SUN Y F. (Un)translatability and cross：cultural readability [J]. Perspectives：Studies in Translatology，2012(2)：231-247.

[16] WOLFRAM W. The science of translation：problems and methods [M]. Shanghai：Shanghai Foreign Language Education Press，2001.

[17] ORTRUN Z S. Towards a typology of literary translation：drama translation science [J]. Meta，1988，33(4).

[18] 鲍倩.翻译适应选择论视角下的中国非遗项目英译策略分析[J].高等教育在线,2017(8)：145,172.

[19] 鲍晓英.从莫言英译作品译介效果看中国文学"走出去"[J].中国翻译,2015(1)：13-17.

[20] 蔡平."文化翻译"的困惑[J].外语教学,2005,26(6):75-78.

[21] 曹瑞斓.黄梅戏外译研究[J].安徽工业大学学报,2014(11):81-82.

[22] 曹文龙.黄梅戏发展现状及对策研究[J].艺术百家,2015(12):303-311.

[23] 陈芳蓉.文化多样性与非物质文化遗产的译介[J].浙江师范大学学报(社会科学版),2013,38(3)：64-69.

[24] 陈芳蓉.中国非物质文化遗产英译的难点与对策[J].中国科技翻译,2011,24(2)：41-44.

[25] 陈桂花,王巧,周东彪.黄山市文化旅游非物质文化遗产的对外传播[J].宿州学院学报,2018,33(2)：58-61,70.

[26] 陈化宇.非物质文化遗产文本翻译特点及理论选择：以许昌市为例[J].产业与科技论坛,2017,16(1)：151-152.

[27] 陈景楠.多模态视角下的纪录片字幕翻译：以《中国文房四宝》英译为例[D].湘潭：湖南科技大学,2017.

[28] 陈麦池,李琼,郑安文,等.基于外宣受众的非物质文化遗产翻译策略研究[J].河南广播电视大学学报,2015,28(2)：61-64.

[29] 陈艳华.京剧中的文化专有项英译研究：以京剧行当名称英译为例[J].海外英语,2016(4)：94-95.

[30] 陈艳华.全球本土化语境下非物质文化遗产关键词英译策略研究[J].重庆文理学院学报(社会科学版),2018,27(4)：28-32.

[31] 陈宇.非物质文化遗产岭南粤剧英译研究现状分析[J].英语广场,2020(18):18-20.

[32] 陈玉茜.多元化视野中的当代壮族嘹歌传播策略新探[J].四川戏剧,2016(12)：102-106.

[33] 陈雨婷.池州傩戏的戏剧治疗功能探究:以《刘文龙》为例[J].合肥工业大学学报(社会科学版),2018(4):90-94.

[34] 陈哲敏.加强非物质文化遗产川剧翻译研究的策略[J].文教资料,2015(3):24-25.

[35] 陈哲敏.全球化背景下川剧翻译与传播的困境与对策[J].吉林省教育学院学报,2016(3):150-153.

[36] 崔北军.加强蚌埠市非物质文化遗产保护与传承[J].蚌埠党校学报,2015(2):28-30.

[37] 崔涛涛.莫言作品在德国的译介与接受[J].西安外国语大学学报,2013,21(1):105-108.

[38] 戴桂珍.泉州市非物质文化遗产英译中存在的问题与对策[J].黎明职业大学学报,2017(3):37-41.

[39] 董博.文化认知视角下非物质文化遗产英译研究:以广西壮族古谣谚为例[D].南宁:广西民族大学,2012.

[40] 董力燕.保定市非物质文化遗产的汉英翻译对策研究[J].才智,2014(3):249.

[41] 董璐.传播学核心理论与概念[M].北京:北京大学出版社,2008.

[42] 董婷婷.纪录片《中国文房四宝》字幕翻译报告[D].西安:西安外国语大学,2017.

[43] 董文思.传播学视域下的外宣翻译:以上海世博会材料为例[D].武汉:长江大学,2013

[44] 段聪丽,段ष芳.非遗背景下德宏州少数民族史诗典籍外译现状调查研究[J].科教导刊,2017,23(8):191-192.

[45] 范红霞.中国非物质文化遗产的英译[J].明日风尚,2016(15).

[46] 冯骥才.中国非物质文化遗产百科全书:传承人卷[M].北京:中国文联出版社,2015.

[47] 傅碗益.非物质文化遗产外宣英译策略:以夹江年画为例[J].海外英语,2016(11):111-112.

[48] 高昂之.非物质文化遗产的外宣翻译与国际传播现状与策略[J].浙江理工大学学报,2019(42):41-47.

[50] 辜正坤.互构语言文化学原理[M].北京:清华大学出版社,2004.

[51] 谷峰.目的论视角下我国非物质文化遗产的外宣翻译研究:以徽州民歌、黄梅戏的英译为例[J].长春大学学报,2018,28(9):31-34.

[53] 官煜瑜.从西方修辞学视角看非物质文化遗产的英译[J].佳木斯职业学院学报,2014(12):134-136.

[54] 郭靖.《德州市非物质文化遗产简介》(节选)翻译实践报告[D].曲阜:曲阜师范大学,2017.

[55] 郭立超,武博,刘彦奎.关联翻译理论视角下非遗旅游外宣研究:以承德地区满非遗英译为例[J].中国民族博览,2019(1):96-97.

[56] 郭巍,梁徐静.武术非物质文化遗产"活态"传承中的数字化技术研究[J].广州体育学院

学报,2018,38(4):96-99.

[57] 涡阳文化局.老子的故事[M].合肥:安徽美术出版社,2008.

[58] 哈罗德·拉斯韦尔.社会传播的结构与功能[M].何道宽,译.北京:中国传媒大学出版社,2013.

[59] 郝俊雯.论汉英翻译中的语言变通:以《山西非物质文化遗产名录》山西民间文学部分的翻译为例[D].太原:山西大学,2013.

[60] 郝晓静.非物质文化遗产翻译:游走在译与写之间[J].太原师范学院学报(社会科学版),2013,12(6):105-107.

[61] 何晨晨,王晓静.西安市非物质文化遗产外宣翻译现状及对策研究[J].新西部,2019(4):30-31.

[62] 黄园园.壮族非物质文化遗产外宣翻译的跨文化因素及对策分析[J].吉林广播电视大学学报,2019(4):54-55.

[63] 洪莉.生态翻译关照下的泉州非物质文化遗产英译[J].湖南科技学院学报,2014,35(9):148-151.

[64] 胡庚申.生态翻译学:生态理性特征及其对翻译研究的启示[J].中国外语,2011(11):96-109.

[65] 胡庚申.生态翻译学解读[J].中国翻译,2008(6):11-15.

[66] 胡庚申.生态翻译学的研究焦点与理论视角[J].中国翻译,2011(2):5-9.

[67] 胡庚申.翻译适应选择论[M].武汉:湖北教育出版社,2004.

[68] 胡庚申.生态翻译学:产生的背景与发展的基础[J].外语研究,2010(4):62-67.

[69] 胡敏.道德经:中英双语诵读版[M].北京:外文出版社,2019.

[70] 胡敏.用英语讲中国故事:基础级[M].北京:人民出版社,2019.

[71] 胡敏.用英语讲中国故事:提高级[M].北京:人民出版社,2019.

[72] 胡庆洪,文军.从传播学视角看中国非物质文化遗产英译:以福建非物质文化遗产英译为例[J].上海翻译,2016(2):43-46.

[73] 胡正荣,段鹏,张磊.传播学总论[M].北京:清华大学出版社,2008.

[74] 华觉明,李劲松.中国百工[M].苏州:古吴轩出版社,2010.

[75] 黄冬群.变译视角下闽南非物质文化遗产的外宣翻译研究[J].重庆第二师范学院学报,2016,29(1):63-66.

[76] 黄海翔.文化翻译中的文化逻辑:以《孙子兵法》文化专有项英译的经验分析为例[J].西安外国语大学学报,2015,23(1):113-119.

[77] 黄辉,骆媛.芜湖铁画的工艺表现与艺术特征[J].创意设计源,2016(4):26-30.

[78] 黄佶.dragon还是loong:"龙"的翻译与国家形象传播[J].秘书,2018(2):4-12.

[79] 黄蓉,孔琼,马婷.非物质文化遗产外宣翻译的跨文化研究[J].科技信息,2014(10):

178-180.

[80] 黄友义.坚持"外宣三贴近"原则,处理好外宣翻译中的难点问题[J].中国翻译,2004,25(6):27-28.

[81] 黄幼岚.泉州南音曲词英译探析[J].福建江夏学院学报,2015,5(2):90-95.

[82] 李景端,季羡林.听季羡林先生谈翻译[N].光明日报,2005-02-17.

[83] 贾绍东.海南非物质文化遗产介绍文本英译探讨[J].海南广播电视大学学报,2019,20(2):23-28.

[84] 贾文波.应用翻译功能论[M].北京:中国对外翻译出版公司,2004.

[85] 姜丹丹.全球化语境下非物质文化遗产的翻译策略研究:以"万里茶道"联合申遗英译为例[J].晋中学院学报,2018,35(4):106-108.

[86] 姜丹丹.中国非物质文化遗产申遗翻译策略研究[J].中北大学学报(社会科学版),2018,34(4):119-123.

[87] 江小角,张媛媛.安徽非物质文化遗产[M].合肥:安徽文艺出版社,2015.

[88] 姜欣,宁全.国内茶文化翻译研究十五年:基于CiteSpace的可视化分析[J].南京工程学院学报(社会科学版).2021(2):6-10.

[89] 李彬.传播学引论[M].北京:新华出版社,2003.

[90] 李慧伶,周洪波."非遗"视角下安徽地方戏剧的文化传承与创新策略:以庐剧为例[J].戏剧之家,2020(33):43-44.

[91] 李蓓蓓.古城背景下的非物质文化遗产的传承与活力复兴[J].艺海,2018(11):122-124.

[92] 李涛.铁画艺术文化[M].北京:中国轻工业出版社,2017.

[93] 李文静.中国文学英译的合作、协商与文化传播:汉英翻译家葛浩文与林丽君访谈录[J].中国翻译,2012(1):57-60.

[94] 李霞,张萍.外宣视域下扬州非物质文化遗产名称名录的英译[J].芜湖职业技术学院学报,2015,17(4):20-24.

[95] 李应东.《青城水烟》(节选)翻译实践报告[D].兰州:西北师范大学,2015.

[96] 李志坚,张小波.基于文化图式的南岳神灵译介[J].南华大学学报(社会科学版),2017,18(1):108-112.

[97] 黎珍珠.非物质文化遗产翻译研究综述[J].亚太教育,2019(1):6-7.

[98] 梁伟.审其名实慎其所谓:非物质文化遗产保护文件中术语的界定与翻译[J].广东技术师范学院学报(社会科学),2014(4):85-91.

[99] 廖七一.当代西方翻译理论探索[M].上海:译林出版社,2000.

[100] 凌红军,王宏俊.歙砚新考[M].上海:同济大学出版社,2009.

[101] 刘安洪,谢柯.传播学视阈下的旅游翻译研究[M].北京:外语教学与研究出版社,2014.

[102] 刘成萍,陈家晃.不可译性与意识形态对翻译的操纵[J].上海翻译,2015(3):91-94.

[103] 刘春媛.文化转向下黑龙江非物质文化遗产翻译研究[J].边疆经济与文化,2018(4):16-17.

[104] 刘春媛."文化转向"与非物质文化遗产外宣翻译:以黑龙江非物质文化遗产外宣翻译为例[J].边疆经济与文化,2018(5):96-98.

[105] 刘和林.中译外与文化多样性构建中国科技翻译[J].中国科技翻译,2012,25(2):25,45-47.

[106] 刘魁立.非物质文化遗产的共享性本真性与人类文化多样性发展[J].山东社会科学,2010(3):24-27.

[107] 刘立勇.译介学视角下的非物质文化遗产外宣翻译研究[J].教育现代化,2020(15):176-178.

[108] 刘明东,陈圣白.翻译与文化软实力探析[J].外国语文(双月刊),2012,28(4):99-102.

[109] 刘兴禄.20世纪以来中国傩文化研究述评[J].吉首大学学报(社会科学版),2013(5):23-29.

[110] 刘艳华.译介学视角下辽宁地区民间文学类非遗英译研究[J].辽宁教育行政学院学报,2019(7):97-100.

[111] 吕俊.翻译学:传播学的一个特殊领域[J].外国语,1997(2):39-44.

[112] 陆道恩.译者主体性视觉下民族非遗文化"走出去"英译研究:以贵州非物质文化遗产英译为例[J].长春工程学院学报(社会科学版),2017,18(3):68-83.

[113] 罗永洲.金庸小说英译研究:兼论中国文学走出去[J].中国翻译,2011(3):51-55.

[114] 马春兰.外向型经济视域下廊坊非物质文化遗产外宣翻译策略研究[J].廊坊师范学院学报(社会科学版),2015,31(4):89-91.

[115] 麻争旗.译学与跨文化传播:对翻译的根本反思[M].上海:上海交通大学出版社,2011.

[116] 毛巧晖.非物质文化遗产视域下的民族传统文化的保护与发展:以海南黎族苗族"三月三"节为例[J].文化遗产,2012(4):123-126.

[117] 梅子晨,袁卓杰,金铭,等.非物质文化遗产顺应论英译方法探讨:以温州地区为例[J].文教资料,2018(3):36-38.

[118] 孟凡君.论生态翻译学在中西翻译研究中的学术定位[J].中国翻译,2019(4):42-49.

[119] 孟伟根.戏剧翻译研究述评[J].外国语,2008(11):46-52.

[120] 孟伟根.论戏剧翻译研究中的主要问题[J].外语教学,2009(5):95-99.

[121] 倪铭晖.福建非物质文化遗产汉英翻译:语用等效观[D].福州:福建师范大学,2013.

[122] 倪铭晖.论地方特色词汇的英译策略及理据:以福建非物质文化遗产英译为例[J].湖北第二师范学院学报,2012,29(7):128-130.

[123] 牛津.徽州文化意象的整体建构与对外传播[J].学术界,2020(10):161-169.

[124] 钱龙,詹凯丽.铁画文化翻译图式研究[J].科技资讯,2014(21):196-198.

[125] 丘富科.中国文化遗产词典[M].北京:文物出版社,2009.

[126] 邱俊杰,刘春媛,刘畅.翻译策略运用与区域经济发展:基于文化转向谈黑龙江非物质文化遗产翻译[J].边疆经济与文化,2018(6):111-112.

[127] 邱梦茜.浅析中西方孝文化的区别及原因[J].读与写杂志,2014(9):62-63.

[128] 邱夏子.非物质文化遗产大吴泥塑的英译研究[J].韩山师范学院学报,2017,38(2):73-77.

[129] 邱夏子.试析非物质文化遗产翻译与英语教学[J].吉林广播电视大学学报,2018(11):79-81.

[130] 阮红波.广西非物质文化遗产名称翻译的原则与方法[J].英语广场,2019(3):44-46.

[131] 沈杰.《守护民族精神家园:湘西少数民族非物质文化遗产研究》(节选)翻译实践报告[D].湘潭:湘潭大学,2018.

[132] 宋炳辉.译介学理论发生语境及其多学科意义刍议[J].当代外语研究,2018(2):68-70.

[133] 宋俊华.中国非物质文化遗产保护发展报告:2017[M].北京:社会科学文献出版社,2017.

[134] 宋婷.非遗文化译介传播新探索:以池州傩为例[J].景德镇学院学报,2017(4):13-18.

[135] 宋亚林."易"与"译"中的流变:中国非遗的"两度翻译"及其意义的"双重损失"[D].上海:华东师范大学,2018.

[136] 宋亚林.中国非物质文化遗产的翻译现状分析及启示[C].中国英汉语比较研究会会议论文集,2014:134.

[137] 苏涛."互联网+"背景下黄梅戏活态传承研究[J].安徽工业大学学报,2020(1):37-39.

[138] 苏涛,黄焰结.中国故事,国际表达:安徽非物质文化遗产外宣译介研究[J].蚌埠学院学报,2019,8(3):51-54.

[139] 孙丽萍,丁大琴.变译论下安徽省非物质文化遗产外宣翻译研究:以绿茶文化为例[J].海外英语,2018(4):103-105.

[140] 孙新建.黄山毛峰茶的采制工艺[J].园艺与种苗,2019(5):29-31.

[141] 孙圆.新媒体背景下"非遗"外宣翻译与传播路径研究:以济南市有代表性的非物质文化遗产为例[J].河北农机,2018(8):54-55.

[142] 陶丹丹.多元共生视角下越地非物质文化遗产的异化翻译[J].绍兴文理学院学报(哲学社会科学),2015,35(5):76-79.

[143] 覃海晶.非物质文化遗产口译的口语性翻译[J].云南农业大学学报,2014,8(6):101-105.

[144] 覃海晶.生态翻译视阈下非物质文化遗产外宣翻译[J].重庆文理学院学报(社会科学版),2015,34(3):15-39.

[145] 覃海晶,邱进.非物质文化遗产外宣翻译中的译者意向性操纵[J].重庆广播电视大学学

报,2018,30(1):57-62.

[146] 谈家胜.近20年来安徽贵池傩戏研究综述[J].池州学院学报,2007(12):69-74.

[147] 谭琴.传播学视角下非物质文化的外宣翻译研究:以赣州为例读与写杂志,2014,11(8):12,84.

[148] 唐卫华.论翻译过程的传播本质[J].外语研究,2004(2):48-50.

[149] 滕婷婷.诺德功能翻译理论指导下的金华非物质文化遗产英译[J].英语教师,2018,18(8):46-49.

[150] 滕婷婷."一带一路"倡议下金华非物质文化遗产英译研究[J].开封教育学院学报,2018,39(3):61-64.

[151] 田霞.从顺应论看苗族非物质文化遗产的汉英翻译[J].怀化学院学报,2012,31(10):91-94.

[152] 田亚亚,孙雪娥.生态翻译学对非物质文化遗产翻译的启示:陕西省非物质文化遗产翻译研究[J].渭南师范学院学报,2016,31(10):55-60.

[153] 田亚亚.陕西省非物质文化遗产外宣文本中文化专有项英译探析[J].湖北第二师范学院学报,2018,35(7):120-123.

[154] 田中阳.大众传播学理论[M].长沙:岳麓书社,2002:164.

[155] 万华.语义透明与汉语熟语的直译趋近[J].上海翻译,2014(1):15-19.

[156] 汪庆华.传播学视域下中国文化走出去与翻译策略选择:以《红楼梦》英译为例[J].外语教学,2015,36(3):100-104.

[157] 汪榕培.孔雀东南飞木兰辞[M].长沙:湖南人民出版社,1998.

[158] 汪榕培,黄中习.加强民族典籍的英译,弘扬民族优秀文化[J].广西民族研究,2008(4):164-165.

[159] 汪榕培,王宏.中国典籍英译[M].上海:上海外语教育出版社,2009.

[160] 汪晓莉.文化软实力视角下的中国当代文学作品译介[J].外语教学,2015,36(4):102-105.

[161] 王爱支.湖北省非物质文化遗产外宣英译调查研究[J].鄂州大学学报,2017,24(3):68-69.

[162] 王飞鹏,高丹.黑龙江非物质文化遗产名录下的民间文学英译研究[J].中国市场,2017(4):189-190.

[163] 王坚.非物质文化遗产文本的翻译策略:以山西省传统戏剧的翻译为例[D].太原:山西大学,2016.

[164] 王金辉.河北省非物质文化遗产外宣翻译现状及策略研究[J].河北企业,2016(4):86-87.

[165] 王进.文化诗学视域中的非物质文化观念考辨[J].中南大学学报(社会科学版),2014,20

(2):179-182.

[166] 王夔,丁亚琼.黄梅戏民间班社发展现状调查分析及对策[J].民族艺术研究,2011(4):29-35.

[167] 王宁."世界文学":从乌托邦想象到审美现实[J].探索与争鸣,2010(7):39.

[168] 王巧英,朱忠焰.黄梅戏经典唱段英译难点及其翻译方法与技巧[J].安庆师范学院学报,2013(12):94-96.

[169] 王青.非物质文化认知下泉州南音的传承保护与发展创新探析[J].黄冈师范学院学报,2018,38(5):54-57.

[170] 王荣才.芜湖铁画保护和发展研究[M].芜湖:安徽师范大学出版社,2017.

[171] 王如松,周鸿.人与生态学[M].昆明:云南人民出版社,2004.

[172] 王文章.非物资文化遗产保护研究[M].北京:文化艺术出版社,2013.

[173] 王艳.基于读者接受的吉林省非物质文化遗产名称英译研究[J].湖北函授大学学报,2018,31(15):157-158.

[174] 王玉兰.基于文本类型理论的非物质文化遗产文本外宣翻译研究[J].吉林省教育学院学报,2019,35(1):143-146.

[175] 王源.浅谈非物质文化遗产的英译外宣:以茶文化为例[J].福建茶叶,2020(7):349-350.

[176] 王钟锐.我国非物质文化遗产翻译研究的现状与思考:基于2006—2017年相关文献的分析[J].大众文艺,2018(20):179-181.

[177] 魏崇周.2001—2010当代非物质文化遗产热点问题研究综述[J].民俗研究,2010(3):80 89.

[178] 魏红,单小艳.译介学视角下非物质文化遗产外宣翻译研究[J].教育教学论坛,2018(32):4-5.

[179] 魏怡.英语专业非物质文化遗产进课堂探析:以河北省民间文学项目为例[J].鄂州大学学报,2015,22(5):74-76.

[180] 吴丹.蒙古族非物质文化遗产文献跨文化传播与英译[J].边疆经济与文化,2016(4):89-90.

[181] 吴慧娟.译者的适应与选择:福建非物质文化遗产外宣材料英译研究[D].金华:浙江师范大学,2014.

[182] 吴克炎.中国非物质文化遗产的翻译与读者认同:以中国首部汉英双语版非物质文化遗产名录为例[J].漳州师范学院学报(哲学社会科学版),2011(2):133-139.

[183] 吴敏.顺应论下河南非物质文化遗产外宣翻译策略研究:以钧瓷为例[J].赤峰学院学报(哲学社会科学版),2016,37(10):204-206.

[184] 吴其云.架起通向世界的桥梁:英语黄梅戏《天仙配·路遇》翻译札记[J].黄梅戏艺术,1987(1):97-99.

[185] 吴艳晖. 外宣翻译的现状分析与策略研究:以芜湖铁画艺术为例[J]. 山东农业工程学院学报,2019(5):149-152.

[186] 项东,王蒙. 中国传统文化文本英译的音译规范刍议[J]. 上海翻译,2013(4):104-109.

[187] 谢柯,李艺. 中国非物质文化遗产文本英译的主体性缺失:以传播学为视角[J]. 重庆广播电视大学学报,2016,28(1):65-70.

[188] 谢柯,廖雪汝. "翻译传播学"的名与实[J]. 上海翻译,2016(1):14-18.

[189] 谢天振. 译介学[M]. 上海:上海外语教育出版社,1999.

[190] 熊兵. 翻译研究中的概念混淆:以"翻译策略","翻译方法"和"翻译技巧"为例[J]. 中国翻译,2014(3):82-88.

[191] 熊灵燕,凌征华. 以舞台演出为目的的赣南采茶戏美学翻译研究[J]. 江西理工大学学报,2012,33(4):111-115.

[192] 徐珺,霍跃红. 典籍英译:文化翻译观下的异化策略与中国英语[J]. 外语与外语教学,2008(7):45-48.

[193] 许钧. 文化多样性与翻译的使命[J]. 中国翻译,2005,26(1):41-44.

[194] 许岚. 传播学视角下的非物质文化遗产外宣翻译研究[J]. 哈尔滨职业技术学院学报,2017(2):144-147.

[195] 许敏,王军平. 中国非物质文化遗产文化概念的英译研究[J]. 西安外国语大学学报,2016,24(2):108-112.

[196] 许渊冲.《老子》译话[M]. 北京:北京大学出版社,2016.

[197] 许志伟,刘贵星. 徽墨春秋在键盘时代致敬千年制作古法[J]. 环球人文地理,2016(10):94-103.

[198] 薛美芳. 中国文化软实力的"灵"与"体":基于文化贸易视角[J]. 改革与开放,2018(16):117-19.

[199] 薛秀云. 传播学视角下英译者主体性缺失探析:以漳州非物质文化遗产为例[J]. 广东石化工学院学报,2017,27(5):29-33.

[200] 杨大霑. 对贵州非物质文化遗产外宣翻译的一些思考[J]. 贵州民族研究,2009,29(6):117-119.

[201] 杨平. 对当前中国翻译研究的思考[J]. 中国翻译,2003,24(1):3-5.

[202] 杨素梅. 每天一堂非遗文化课:传统工艺卷[M]. 北京:中国华侨出版社,2012.

[203] 杨雪莲. 传播学视角下的外宣翻译:以今日中国的英译为个案[D]. 上海:上海外国语大学,2010.

[204] 杨永刚,蔡祥,胡胜林. 基于功能语境视角下的非物质文化遗产外宣归化异化翻译:以扬州大运河外宣翻译为例[J]. 湖南邮电职业技术学院学报,2014,13(3):148-152.

[205] 杨永刚. 从功能语境视角看"非遗"旅游外宣的翻译:以扬州非物质文化旅游外宣汉英翻

译为例[J]. 福建工程学院学报,2014,12(5):459-463.

[206] 姚亮生. 内向传播和人际传播的双向对话:论建立传播学的翻译观[J]. 南京大学学报(社会科学版),2004(3):135-139.

[207] 于森. 基于诺德功能翻译理论的中医药"非遗"翻译研究[J]. 长春师范大学学报,2016,35(11):112-115.

[208] 俞森林. 道经英译史[M]. 上海:上海三联书店,2020.

[209] 袁晓宁. 论外宣英译策略的二元共存[J]. 中国翻译,2013(1):93-97.

[210] 岳婧. 传播学视角下华佗五禽戏外宣翻译研究[J]. 产业与科技论坛,2020,19(5):102-103.

[211] 臧学运,刘锦豫. 外宣资料译介策略视域下非物质文化遗产的传承与保护[J]. 齐鲁师范学院学报,2017,32(3):128-133.

[212] 曾利沙. 从对外宣传翻译原则范畴化看语用翻译系统理论建构[J]. 外语与外语教学.2007(7):44-46.

[213] 曾衍文. 非物质文化遗产英译研究现状分析及探讨[J]. 四川戏剧,2018(1):138-141.

[214] 章二文,张文明. 黄梅戏英译及对外传播策略研究[J]. 安徽工程大学学报,2017(12):80-82.

[215] 张彩云. 黄梅戏的起源与发展:从黄梅戏发展的历史说起[J]. 戏剧文学,2013(12):114-117.

[216] 张慧,闫正坤. 蚌埠市非物质文化遗产的译介现状及对策探析:以花鼓灯为例[J]. 赤峰学院学报(社会科学版),2018,39(2):75-78.

[217] 张健. 外宣翻译导论[M]. 北京:国防工业出版社,2013.

[218] 张洁. 非物质文化遗产外宣翻译策略探析[J]. 辽宁高职学报,2017,19(3):103-105.

[219] 张今. 文学翻译原理[M]. 郑州:河南大学出版社,1987.

[220] 张俊祥. 重构、构建、创新:池州傩戏传承发展策略探析 基于费孝通"文化自觉"视角的考察[J]. 四川省干部函授学院学报,2020(1):40-45.

[221] 张俊祥. 变革与坚守:新媒体时代池州傩戏的生存发展研究[J]. 红河学院学报,2021(5):95-97.

[222] 张立蓉,孟祥春. 对外宣传翻译:译"名"更要译"实" 政治性误译举隅与应对策略[J]. 苏州科技学院学报(社会科学版).2007(3):132-136.

[223] 张明权. 二元对立翻译观的文化解构[J]. 北京第二外国语学院学报,2005(2):6-9.

[224] 张宁静. 山西民俗文化翻译实践报告:以《山西省非物质文化遗产名录》山西民俗部分的翻译为例[D]. 太原:山西大学,2015.

[225] 张倩倩,刘影. 非遗英译的归化异化问题:以衢州非物质文化遗产为例[J]. 文教资料,2018(28):52-53.

[226] 张淑霞.国家级非物质文化遗产瓯剧翻译研究[J].温州职业技术学院学报,2012,12(4):12-15.

[227] 张伟.从功能语境视角看"非物质文化遗产"生态茶旅的外宣翻译[J].福建茶叶,2018(11):307.

[228] 张伟.外宣翻译中的文化传真:以非物质文化遗产翻译为例[J].读与写(教育教学刊),2018,15(04):16+84.

[229] 张严.四平市非物质文化遗产外宣翻译调查研究[J].海外英语,2018(9):61-63.

[230] 张艳丰,王堃.扩大非物质文化遗产的对外传播:以山西省为例[J].理论视野,2013,(4):100-102.

[231] 张一宁.宁夏剪纸艺术对外译介程式[J].宁夏师范学院学报,2019,40(2):91-93.

[232] 张志刚,常芳.东北少数民族文化典籍的英译与研究[J].内蒙古大学学报(哲学社会科学版),2012,44(4):76-80.

[233] 张志鸿,沈佳鸣,郭骊.吴楚遗韵:桐城歌[M].哈尔滨:黑龙江美术出版社,2013.

[234] 张志鸿,郭骊,朱怀江.桐城歌研究论文集[M].合肥:安徽人民出版社,2016.

[235] 赵彦春.翻译诗学散论[M].青岛:青岛大学出版社,2007.

[236] 赵征军.汉学家白之英译《牡丹亭》戏剧翻译规范探究[J].燕山大学学报(哲学社会科学版),2018(2):62-66.

[237] 赵征军.中国戏剧典籍译介研究:以《牡丹亭》的英译与传播为中心[D].上海:上海外国语大学,2013.

[238] 赵自云,唐孝中,占辉斌.传统手工技艺开发价值考证:以祁门红茶制作技艺为例[J].赤峰学院学报(自然科学版),2016(3):38-40.

[239] 甄丽.英语教育戏剧传播传统文化的研究与实践[M].北京:北京教育出版社,2020.

[240] 钟安林.生态翻译学对非物质文化遗产翻译的启示:以新疆喀什为例[J].喀什大学学报,2019(2):52-56.

[241] 钟安林,胡迎春.非物质文化遗产翻译研究现状及对策分析:以韶关市为例[J].宿州教育学院学报,2018,21(5):22-25.

[242] 中国非遗项目编写组.非物质文化遗产在中国[M].北京:北京语言大学出版社,2017.

[243] 周鸿铎.应用传播学教程[M].北京:中国书籍出版社,2010:20.

[244] 周楠,吴俐霓.生态翻译学视阈下的非物质文化遗产外宣英译研究:以重庆武隆非遗外宣英译为例[J].重庆广播电视大学学报,2018,30(1):49-56.

[245] 朱陈军,赵速梅.图式理论视角下中国非物质文化遗产的英译研究[J].海外英语,2013(5):182-184.

[246] 朱玲.昆剧翻译的多模态视角探索:以《牡丹亭》英译为例[D].苏州:苏州大学,2015.

[247] 朱小美.黄梅戏《天仙配》英译有感[J].语文学刊,2016(9):80-82.

[248] 朱秀丽,李桂芝.对石家庄非物质文化遗产外宣翻译的几点思考[J].教育现代化,2017(26):231-232.

[249] 朱义华.非物质文化遗产吴歌保护与传承的译介学探索进路研究[J].江南大学学报(人文社会科学版),2013(5):122-128.

[250] 朱莹.大运河文化视角下扬州传统技艺类"非遗"的英译研究[J].开封教育学院学报,2019,39(3):75-77.

[251] 朱忠焰.黄梅经典唱段(汉英对照本)[M].上海:复旦大学出版社,2016.

[252] 曾冰.安徽文艺出版社"国剧英译"系列进入海外大学课堂[EB/OL].(2012-11-14). http://www.bookdao.com/article/53415/.

[253] 宣笔制作技艺[EB/OL].https://baike.baidu.com/item/%E5%AE%A3%E7%AC%94%E5%88%B6%E4%BD%9C%E6%8A%80%E8%89%BA/5380755?fr=aladdin.

[254] 徽墨制作技艺[EB/OL].https://baike.baidu.com/item/%E5%BE%BD%E5%A2%A8%E5%88%B6%E4%BD%9C%E6%8A%80%E8%89%BA.

[255] 歙砚制作技艺[EB/OL].https://baike.baidu.com/item/%E6%AD%99%E7%A0%9A%E5%88%B6%E4%BD%9C%E6%8A%80%E8%89%BA.

[256] 红茶制作技艺:祁门红茶[EB/OL].https://baike.baidu.com/item/%E7%BA%A2%E8%8C%B6%E5%88%B6%E4%BD%9C%E6%8A%80%E8%89%BA%EF%BC%88%E7%A5%81%E9%97%A8%E7%BA%A2%E8%8C%B6%E5%88%B6%E4%BD%9C%E6%8A%80%E8%89%BA%EF%BC%89.

[257] 绿茶制作技艺:黄山毛峰[EB/OL].https://baike.baidu.com/item/%E7%BB%BF%E8%8C%B6%E5%88%B6%E4%BD%9C%E6%8A%80%E8%89%BA%EF%BC%88%E9%BB%84%E5%B1%B1%E6%AF%9B%E5%B3%B0%EF%BC%89.

[258] 芜湖铁画锻制技艺[EB/OL].https://baike.baidu.com/item/%E8%8A%9C%E6%B9%96%E9%93%81%E7%94%BB%E9%94%BB%E5%88%B6%E6%8A%80%E8%89%BA/3188282.

[259] 非物质文化遗产的基本特征[EB/OL].https://www.5068.com/wenhua/621820.html.